HÁBITOS DE GENTE PRODUCTIVA

HÁBITOS DE GENTE PRODUCTIVA

Rutinas y rituales de las celebridades

en su camino hacia el éxito

The Wellness Factory

En The Wellness Factory *creemos que el bienestar físico, emocional e intelectual es un derecho fundamental del que no podemos prescindir.*
Todas las dimensiones de nuestra existencia son importantes y merecen ser cuidadas con la misma preocupación. Ponemos nuestro grano de arena parte para ayudarle a reconectar consigo mismo y vivir una vida cada vez más plena.
Hemos escrito este libro para usted con cuidado, amor y con el deseo de que le sea útil.

Síguenos y contáctanos en nuestra página de Facebook:
https://www.facebook.com/the.wellness.factory.org

Tabla de Contenidos

BIENESTAR, PRODUCTIVIDAD Y ÉXITO ___________ 9

STEVE JOBS, LOS PIES EN EL INODORO __________ 19

STRAVINSKY, MIRAR EL MUNDO DE CABEZA _____ 31

VIRGNIA WOOLF, LA DISCIPLINA DEL DIARIO ____ 37

JACK MA, NO INVENTAR LA RUEDA_____________ 45

LEONARDO DA VINCI, EL PODER DE LAS SIESTAS

CORTAS ___________________________________ 57

MARK ZUCKERBERG, CONFIANZA Y VISIÓN A

LARGO PLAZO ______________________________ 65

LADY GAGA, TALENTO Y EXTRAVAGANCIA ______ 75

NIKOLA TESLA, OBSESIÓN Y FOCO _____________ 83

JEFF BEZOS, EL CONSUMIDOR SIEMPRE PRIMERO 91

MAYA ANGELOU, HAZ LO QUE TE GUSTA _________ 97

MARCOS EDUARDO GALPERIN, PROSPERAR EN LA

INCERTIDUMBRE_____________________________ 103

CARLOS SLIM, MÁS PRODUCTIVIDAD EN MENOS

TIEMPO ___________________________________ 109

DANNY DEVITO, SALTAR EN TRAMPLOLÍN ______ 115

BILL GATES, PROCRASTINADOR RECUPERADO __ 119

DAN BROWN, EL CÓDIGO DE LA PRODUCTIVIDAD

____ 125

ALBERT EINSTEIN, LA ECUACIÓN DE LA

PRODUCTIVIDAD ____________________________ 131

INDRA NOOYI, CARTAS A LOS PADRES __________ 139

CRISTIANO RONALDO, SIESTAS Y DISCIPLINA ___ 14

ELON MUSK, ATENCIÓN A LOS DETALLES________ 15

OPRAH WINFREY, CULTIVAR LA MEMORIA ______ 16

VICTOR HUGO, LIBRE DE ROPAJES______________ 16

ADELE, DISCIPLINA Y TECNOLOGÍA ____________ 17

MICHAEL JORDAN, COMPETETITIVIDAD AL
MÁXIMO ___________________________________ 18

FRIDA KAHLO, LA VIDA HECHA ARTE___________ 18

Palabras finales _____________________________ 19

BIENESTAR, PRODUCTIVIDAD Y ÉXITO

El bienestar y la productividad están estrechamente relacionados, y su vínculo desempeña un papel fundamental en el desarrollo de proyectos y el emprendimiento. Cuando las personas se encuentran en un estado de bienestar físico, mental y emocional, tienen más energía, claridad mental y capacidad para concentrarse en sus tareas y metas. Esto les permite ser más eficientes, creativos y proactivos en la ejecución de sus proyectos. El bienestar también influye en aspectos clave del emprendimiento, como la toma de decisiones acertadas, la gestión del tiempo y el manejo del estrés. El camino del emprendedor está lleno de desafíos, fracasos y momentos de incertidumbre. Mantener un estado de bienestar ayuda a enfrentar y superar estas dificultades con una mentalidad resiliente, adaptativa y optimista.

El éxito es un objetivo que muchos anhelan alcanzar en diferentes aspectos de la vida. Ya sea en el ámbito profesional, personal, académico o creativo, el éxito representa el logro de metas y la realización de sueños. Sin embargo, el camino hacia el éxito no suele ser fácil, y son aquellos que se esfuerzan incansablemente quienes logran superar los obstáculos y alcanzar sus objetivos.

Existen varios **mitos sobre el éxito** que pueden distorsionar nuestra comprensión y percepción de lo que realmente implica. Algunos de los más extendidos son:

El éxito es resultado del talento innato: Existe la creencia de que solo las personas con talento innato tienen la capacidad de alcanzar el éxito. Sin embargo, el éxito se construye a través de la combinación de habilidades, esfuerzo, perseverancia y aprendizaje continuo. El talento puede ser una ventaja inicial, pero la dedicación y el trabajo duro son fundamentales para el éxito a largo plazo.

El éxito es instantáneo: Muchas veces se presenta una imagen idealizada de que el éxito ocurre de la noche a la mañana. Sin embargo, detrás de cada éxito hay un proceso de trabajo constante, sacrificio y superación de obstáculos. El éxito requiere tiempo, paciencia y una mentalidad de crecimiento.

El éxito es exclusivamente financiero: Se tiende a asociar el éxito únicamente con la riqueza material. Sin embargo, el éxito puede adoptar diferentes formas para diferentes personas. Puede ser el logro de objetivos personales, la satisfacción en el trabajo, el impacto positivo en la sociedad o el desarrollo de relaciones significativas. El éxito es un concepto subjetivo y personal.

El éxito es independiente de los fracasos: Se asume que las personas exitosas nunca han experimentado fracasos o contratiempos. Sin embargo, el fracaso es una parte inevitable del camino hacia el éxito. Las lecciones aprendidas de los fracasos y la capacidad de recuperarse y seguir adelante son fundamentales para lograr el éxito a largo plazo.

El éxito es exclusivo de unos pocos privilegiados: A veces se percibe el éxito como algo inalcanzable reservado para unas pocas personas afortunadas. Sin embargo, el éxito no está limitado a un grupo selecto. Cualquier persona, independientemente de su origen, género o situación actual, puede lograr el éxito a través del trabajo duro, la determinación y la búsqueda constante de oportunidades.

Es importante cuestionar y desafiar estos mitos sobre el éxito para desarrollar una comprensión más realista y saludable. El éxito es un viaje individual y único, y cada persona tiene la capacidad de definirlo y alcanzarlo a su manera. El éxito no se trata solo de talento innato, sino sobre todo de dedicación, pasión y trabajo duro. Quienes se esfuerzan para conseguirlo son aquellos que enfrentan los desafíos con valentía, aprenden de los fracasos y persisten a pesar de las adversidades.

La **productividad** es un factor clave en el logro del éxito, ya que implica utilizar de manera eficiente los recursos disponibles y enfocarse en actividades que generen resultados significativos. Si bien la productividad puede ser una herramienta valiosa para alcanzar el éxito, también es importante tener en cuenta otros factores, como la planificación estratégica, la toma de decisiones informadas, el establecimiento de relaciones sólidas, la adquisición de habilidades relevantes y la perseverancia frente a los desafíos.

Las personas productivas suelen tener mayores posibilidades de ser exitosas debido a varias razones:

Eficiencia: Las personas productivas saben cómo utilizar su tiempo y recursos de manera eficiente. Son capaces de identificar las tareas más importantes y priorizarlas adecuadamente. Al evitar la procrastinación y la dispersión, logran completar más tareas en menos tiempo, lo que les da una ventaja en términos de productividad.

Enfoque en resultados: La productividad implica orientarse hacia los resultados y establecer metas claras. Al ser conscientes de lo que se desea lograr, se pueden establecer planes y estrategias para alcanzar esas metas de manera más efectiva. La productividad nos ayuda a evitar la dispersión y a centrarnos en las acciones que realmente nos acercan al éxito.

Mayor calidad de trabajo: Las personas productivas tienden a enfocarse en la calidad de su trabajo. Al tener una gestión efectiva del tiempo y recursos, pueden dedicar más tiempo y atención a cada tarea, lo que resulta en un trabajo de mayor calidad. Esta atención a los detalles y la búsqueda de la excelencia les brinda una ventaja competitiva y les permite destacarse en su campo.

Adaptabilidad y resiliencia: Las personas productivas suelen ser más adaptables y resilientes frente a los desafíos y cambios. Su enfoque en la eficiencia y la mejora continua les permite adaptarse rápidamente a nuevas situaciones, superar obstáculos y encontrar soluciones creativas. Esto los posiciona mejor para afrontar los desafíos y aprovechar las oportunidades que se les presentan en el camino hacia el éxito.

Autodisciplina: Las personas productivas suelen tener una mayor autodisciplina y capacidad para mantenerse enfocadas

en sus objetivos. Son capaces de evitar distracciones
mantenerse motivadas a pesar de los obstáculos. Es
habilidad les permite mantenerse encaminadas hacia el éxito
largo plazo.

Gestión del tiempo: La productividad está estrechament
relacionada con la gestión del tiempo. El tiempo es un recurs
limitado y valioso, y ser capaz de administrarlo de maner
eficiente puede marcar la diferencia en la consecución d
objetivos y en el logro del éxito.

Optimización de recursos: Ser productivo significa utiliza
de manera eficiente los recursos disponibles, ya sea el tiempo,
el dinero, las habilidades o las herramientas. Al maximizar la
utilización de estos recursos, se pueden obtener mejores
resultados y avanzar hacia el éxito de manera más efectiva.

Si bien la productividad es un factor importante para alcanzar
el éxito, también es necesario tener en cuenta otros elementos
como el talento, las habilidades, el conocimiento, las relaciones
interpersonales, las oportunidades e incluso la suerte.

Son muchos los **genios, artistas, científicos, deportistas,
políticos y empresarios** que nos demuestran que sí es posible

llegar a la cima a pesar de los obstáculos, los desafíos, e incluso, a pesar de los fracasos.

Muchas de esas celebridades tuvieron que construir **sus propios hábitos de productividad** que les permitieran gestionar su tiempo, recursos y talento eficazmente para poder cumplir con todos sus compromisos día a día. Desarrollaron prácticas productivas que les han servido como fuente de inspiración, de creatividad, algunas más extrañas que otras, pero lo importante es que para ellos son prácticas funcionales.

El propósito de este libro es sumergirse en **las experiencias de celebridades exitosas** de distintas épocas y descubrir los **hábitos que los han llevado a alcanzar altos niveles de productividad y éxito en sus vidas**. A lo largo de estas páginas, exploraremos los comportamientos y rituales peculiares que han impulsado a estas personas a destacar y alcanzar sus metas.

No existe una única fórmula mágica para la productividad y el éxito. Cada individuo tiene su propio camino y circunstancias únicas. Sin embargo, al conocer las historias y experiencias de estas celebridades exitosas, podemos identificar rasgos y hábitos comunes que han sido clave en su trayectoria.

Algunos de estos hábitos podrían sorprendernos, pues parecen extravagantes o poco convencionales. Sin embargo, son precisamente estas peculiaridades las que aderezan la determinación y el impulso de estas celebridades por sobresalir y alcanzar sus metas. Sus rutinas pueden ser una fuente de inspiración para explorar nuevas formas de enfocarnos y potenciar nuestra propia productividad. A través de la lectura de este libro, podrás descubrir estos diferentes enfoques y encontrar aquellos rasgos y hábitos que resuenen contigo y se adapten a tu propio camino hacia el éxito. Entre ellos:

Igor Stravinsky, uno de los músicos más importantes del siglo XX, compositor y director de orquesta ruso. Para estimular su creatividad, tenía el hábito de pararse en la cabeza durante quince minutos todas las mañanas. **Leonardo Da Vinci**, genio multifacético y sabio, destacó en diversas áreas del conocimiento como la pintura, arquitectura, filosofía, música, botánica e ingeniería. Una de sus claves para ser productivo era aplicar el ciclo polifásico, tomando siestas cortas cada 24 horas. **Virginia Woolf**, escritora británica y figura destacada del feminismo internacional, recomendaba salir de casa y hacer caminatas para combatir el bloqueo creativo y encontrar inspiración. Además, tenía el hábito de escribir de pie en un escritorio diseñado específicamente para ello. **Albert Einstein**, el científico más popular del siglo XX, era conocido por sus excentricidades. Se cree que dormir diez horas al día contribuía a su sabiduría, incluso se dice que la teoría de la relatividad se le ocurrió mientras soñaba con vacas. **Jack Ma**, creador de Alibaba y considerado el hombre más rico de Asia, aprendió inglés de forma empírica al practicarlo con turistas a cambio de enseñarles la ciudad en recorridos en bicicleta. A pesar de ser rechazado en numerosos trabajos, logró convertirse en un magnate y defiende la idea de que el dinero y el trabajo no son suficientes para alcanzar la felicidad. **Nikola Tesla**, inventor e ingeniero eléctrico, dormía solo dos horas diarias y creía que doblando los dedos de los pies antes de acostarse aumentaba la sabiduría de su cerebro. **Steve Jobs**, cofundador de Apple, tenía hábitos peculiares como relajarse metiendo los pies en el inodoro y usar la misma ropa todos los días para minimizar la toma de decisiones. **Mark Zuckerberg**, creador de Facebook, adoptó una alimentación de carne que él mismo caza. Además, al igual que Jobs su vestimenta es siempre la misma para simplificar su rutina diaria. **Jeff Bezos**, propietario de Amazon, evita sobrecargarse de trabajo y descansa ocho horas diarias. No programa reuniones en las mañanas para pasar tiempo con su familia.

En este libro descubrirás cómo cada uno de los 24 personajes aquí retratados encontró su propia fórmula para estimular su creatividad, aumentar su productividad y lograr sus sueños.

Sus experiencias son valiosas lecciones y ejemplos que podemos adaptar a nuestras propias vidas en el camino de lograr nuestras metas.

STEVE JOBS,
LOS PIES EN EL INODORO

Considerado un genio de la comunicación y uno de los más eminentes visionarios tecnológicos de la historia, Steven Paul Jobs cofundó Apple Inc. junto a Steve Wozniak. Sus revolucionarios dispositivos cuajaron en un próspero imperio multimillonario, generando empleo para miles de personas en todo el mundo. La influencia de Jobs ha moldeado directamente el comportamiento y la forma en que nos relacionamos hoy en día. A través de sus inventos, especialmente el iPhone, transformó de manera significativa la manera en que nos comunicamos. La distancia ya no es una barrera infranqueable para establecer conversaciones inmediatas entre seres humanos, para comprar, crear y circular ideas.

A pesar de su inteligencia, creatividad y perseverancia, este genio tuvo que reinventarse en varias ocasiones debido a los fracasos que experimentó con productos de su propia

creación. Incluso dentro de su propia empresa, Apple, se v:
inmerso en discusiones continuas con los miembros de la jun
directiva, llegando incluso a ser despedido de ella.

Steve Jobs adoptó el hábito de vestirse de la misma mane:
todos los días como parte de su estrategia para maximizar s
tiempo y reducir la carga de toma de decisiones diarias. Par
él, cada decisión tomada consumía energía mental, y **al limita**
las elecciones relacionadas con su vestimenta, podí:
enfocar su atención y energía en aspectos má:
importantes de su vida y trabajo, como la innovación y l:
creación de productos revolucionarios.

Al usar un atuendo consistente y reconocible, Jobs eliminab:
la necesidad de pensar en qué ponerse cada día. Su elección d€
una camiseta de cuello de tortuga negra, jeans y zapatillas New
Balance se convirtió en su "uniforme" distintivo. Esta práctica
le permitía ahorrar tiempo y energía que de otro modo se
habrían gastado en decidir qué ropa usar. Además, al tener un
estilo personal característico, también se convirtió en una
marca de identidad para él, lo que lo ayudó a crear una imagen
memorable y reconocible entre el público.

Este enfoque minimalista hacia su vestimenta se alineaba con
su filosofía de diseño en Apple, donde buscaba la **simplicidad**

y la elegancia en sus productos. Jobs creía que la belleza estaba en la sencillez y que eliminar lo superfluo permitía destacar lo esencial. Su estilo personal coherente y simplificado reflejaba su enfoque en la simplicidad y la claridad en todos los aspectos de su vida, incluida su forma de vestir.

Además, al tener un atuendo consistente, Jobs también evitaba llamar la atención sobre su apariencia personal. Prefería que la atención se centrara en su trabajo y en la innovación tecnológica que representaba, en lugar de su aspecto físico o su estilo de vestimenta. Al eliminar la variabilidad en su apariencia, Jobs buscaba mantener el foco en lo que realmente importaba para él: su visión y sus logros profesionales.

Aunque las razones precisas detrás de los hábitos peculiares de Steve Jobs, como sumergir los pies en el inodoro y caminar descalzo, pueden ser objeto de especulación, se pueden explorar más detalles acerca de cuándo y dónde se llevaron a cabo estas prácticas. En cuanto a sumergir los pies en el inodoro, se ha mencionado que Jobs solía realizar esta acción en su hogar y también en las oficinas de Apple. Para él, el inodoro podría haber representado un espacio de tranquilidad y privacidad, donde podía liberar tensiones y estimular su mente de manera creativa. Aunque puede parecer una elección inusual, esta práctica le permitía **encontrar momentos de**

relajación en medio de su ajetreada vida profesional. Al sumergir sus pies en el agua del inodoro, Jobs buscaba una sensación de alivio y bienestar, lo que podría haberle ayudado a despejar su mente y abrirse a nuevas ideas.

Es importante destacar que Jobs era conocido por ser un pensador fuera de lo común y por su enfoque disruptivo en la innovación. Sus métodos poco convencionales para despertar la creatividad pueden haber sido parte de su proceso personal para encontrar inspiración y soluciones innovadoras. **Para él, las ideas revolucionarias no surgían siguiendo patrones convencionales**, sino explorando nuevos caminos y rompiendo barreras mentales.

Se dice que Jobs adoptó la costumbre de caminar descalzo durante su tiempo en la universidad y los primeros años de Apple. Se cree que su aversión a los zapatos y al calzado en general se debía a su búsqueda de libertad y conexión con la tierra. Al caminar descalzo, Jobs podría haber sentido una conexión más directa con su entorno y una sensación de libertad y ligereza.

En cuanto a prácticas productivas un poco más tradicionales Jobs ponía en práctica las siguientes estrategias:

Enfoque en la simplicidad: Jobs creía fervientemente en la belleza de la simplicidad. Tanto en el diseño de productos como en la toma de decisiones, buscaba la elegancia y la sencillez. Ponía en práctica el famoso lema "menos es más", el cual reflejaba su enfoque de eliminar lo superfluo y mantenerse centrado en lo esencial.

Decir que NO: Para Jobs, la clave de la innovación y el éxito radicaba en tener un enfoque claro y limitar las opciones para poder concentrarse en lo más importante. Al decir "no" a mil cosas, Jobs se refería a la capacidad de rechazar ideas que no encajaban en la visión y los objetivos de Apple. Su selección cuidadosa de las ideas en las que invertir tiempo y recursos era esencial para mantener la excelencia y evitar la dispersión. En lugar de perseguir todas las oportunidades que se presentaban, prefería centrarse en unas pocas ideas clave y llevarlas a su máximo potencial. Esta mentalidad le permitía concentrar los recursos de la empresa en proyectos de mayor impacto y calidad.

Sobre este punto llegó a afirmar que se sentía muy orgulloso y satisfecho por las miles buenas decisiones que NO había tomado. Tenía la filosofía de que en la vida se trata de elegir, pero elegir bien.

Establecimiento de prioridades: Steve Jobs se destacó por su habilidad para establecer prioridades claras en su trabajo y en la dirección de Apple. Reconocía la importancia de identificar las tareas y proyectos más relevantes y se enfocaba en ellos con determinación y dedicación. En lugar de dispersarse en múltiples proyectos al mismo tiempo, prefería centrar su energía en un número selecto de iniciativas clave. Esto le permitía concentrarse en la calidad y excelencia de cada proyecto, asegurándose de que recibieran la atención y los recursos necesarios para alcanzar resultados excepcionales.

Para lograr esta priorización efectiva, adoptaba un enfoque disciplinado y eliminaba las distracciones. Además, Jobs comprendía la importancia de delegar responsabilidades a personas talentosas y confiables. Al confiar en su equipo, podía concentrarse en las áreas en las que aportaba el mayor valor y dejar que otros se encargaran de las tareas que no eran su especialidad.

Perfeccionismo: Jobs buscaba la excelencia en todo lo que hacía. Desde el diseño de productos hasta la experiencia del usuario, se esforzaba por alcanzar los más altos estándares de calidad. Este compromiso con la excelencia impulsó la innovación y el éxito de Apple. El resultado es que los productos de esta marca son altamente valorados debido a su enfoque en el diseño elegante y funcional, la integración vertical que controla tanto el hardware como el software, la continua innovación tecnológica, la experiencia del usuario excepcional y el ecosistema cohesivo que conecta sus dispositivos y servicios. Estos elementos combinados han establecido la reputación de Apple como un referente de calidad y excelencia en la industria tecnológica.

Mentalidad de aprendizaje: A pesar de haber alcanzado un gran éxito, Steve Jobs nunca dejó de considerarse un aprendiz. Mantuvo una actitud abierta hacia nuevas ideas y estuvo dispuesto a escuchar y aprender de los demás. A pesar de su brillantez y experiencia, Jobs reconocía que no lo sabía todo y estaba dispuesto a admitir cuando estaba equivocado.

Esta humildad intelectual fue una cualidad fundamental que le permitió seguir creciendo y evolucionando como persona y como líder. Jobs entendía que el aprendizaje continuo era esencial para mantenerse relevante en un mundo en constante cambio. Buscaba siempre nuevas perspectivas y puntos de vista, y no tenía miedo de cuestionar sus propias ideas y preconceptos. Además de estar abierto a nuevas ideas, Jobs también valoraba el poder de aprender de los fracasos. Reconocía que los errores eran oportunidades de aprendizaje y no los veía como algo negativo. Aprendió de los reveses los utilizó como impulso para seguir adelante y mejorar.

Enfoque en la experiencia del usuario: Steve Jobs tenía un profunda comprensión de la importancia de la experiencia d usuario en la creación de productos exitosos. Reconocía qu no solo se trataba de tener especificaciones técnica impresionantes, sino de cómo esos productos impactarían mejorarían la vida de las personas. Por lo tanto, se esforzab por crear productos que fueran intuitivos, fáciles de usar y, e última instancia, agradables para los consumidores. Entendí que la tecnología podía ser compleja y abrumadora par muchos usuarios, por lo que buscó simplificarla y hacerl accesible para todos. Quería que los productos de Apple fueran tan fáciles de usar que los usuarios sintieras que l forma de usarlos es muy natural. Desde el diseño industria hasta la interfaz de usuario, Jobs supervisaba cada detalle para garantizar que la experiencia del usuario fuera excepcional. Buscaba la perfección en cada aspecto, desde la estética visual hasta la respuesta táctil, creando una armonía entre la forma y la función. Este enfoque en la experiencia del usuario se reflejó en características icónicas de los productos de Apple, como la interfaz gráfica del Macintosh, el *scroll* táctil del iPhone y el gesto de pellizcar y ampliar en el iPad.

Además, Jobs no solo se preocupaba por la funcionalidad de los productos, sino también por cómo se integraban en la vida cotidiana de las personas. Buscaba crear una conexión emocional con los usuarios, entender sus necesidades y anticipar sus deseos. Quería que los productos de Apple no solo fueran herramientas, sino que también generaran una sensación de alegría y satisfacción al usarlos.

Colaboración con personas talentosas: Steve Jobs entendía que rodearse de personas talentosas y capacitadas era esencial para el éxito de cualquier empresa. Reconocía que ningún logro significativo podía ser alcanzado de manera individual, y por lo tanto, buscaba formar equipos de profesionales altamente calificados. Jobs tenía una visión clara de que la diversidad de ideas y perspectivas era fundamental para la innovación.

Buscaba reunir personas con diferentes habilidades, experiencias y antecedentes, lo que permitía un intercambio enriquecedor de conocimientos y puntos de vista. Valoraba la diversidad como un catalizador para la creatividad y la resolución de problemas, y entendía que los equipos diversos eran más capaces de enfrentar desafíos desde múltiples ángulos. Consideraba que el trabajo en equipo era más que simplemente la suma de las habilidades individuales. Creía en la magia que surgía cuando un grupo de personas talentosas se unía en pos de un objetivo común.

Entre ellos trabajó de la mano con Steve Wozniak, cofundador de Apple, quien aportó su genialidad en el diseño de circuitos y la tecnología, complementando la visión de Jobs. Jony Ive, diseñador industrial y responsable del diseño de productos emblemáticos de Apple, como el iMac, iPod, iPhone y iPad, cuyo enfoque en la elegancia y la atención al detalle se alineaba con la visión de Jobs.   Tim Cook, quien asumió el cargo de CEO de Apple después de la partida de Jobs y se destacó por su habilidad en la gestión de la cadena de suministro y la eficiencia operativa.

Jobs fomentaba un ambiente de colaboración y sinergia entre los miembros de su equipo. Creía en la importancia de crear un entorno en el que las personas se sintieran inspiradas y motivadas para compartir ideas, trabajar juntas y desafiarse mutuamente. Buscaba que cada miembro del equipo aportara su experiencia y contribuyera al éxito colectivo.

Los hábitos y prácticas productivas de Steve Jobs, como su enfoque en la simplicidad, toma de decisiones rápidas, colaboración y enfoque disciplinado, fueron fundamentales para su genialidad y éxito en el mundo empresarial. Estas rutinas le permitieron maximizar su productividad, impulsar la innovación y dejar un legado duradero en la industria tecnológica.

STRAVINSKY,
MIRAR EL MUNDO DE CABEZA

El compositor y director de orquesta ruso del siglo XX Igor Stravinsky conoció gran cantidad de corrientes musicales puesto que vivió hasta los 89 años. Uno de sus logros más significativos fue su innovación en el ámbito del ballet. A través de obras revolucionarias como "La consagración de la primavera", introdujo una nueva forma de expresión en el ballet, rompiendo con las convenciones tradicionales y explorando temas más audaces y atrevidos. Además, incorporó influencias de diversas culturas y idiomas, fusionando elementos folclóricos y étnicos en sus composiciones. Esta mezcla de estilos y culturas enriqueció el repertorio del ballet y abrió nuevas posibilidades creativas en esta forma de arte.

Stravinsky quiso salirse de los ritmos ya conocidos y romper los límites del romanticismo. Fue tan creativo, que jugó a combinar diferentes melodías e instrumentos, a la par que jugó

a hacer que la música transmitiera algo así como un ca
armonioso.

Pero la innovación tiene un precio. Cuando Stravisnk
presentó por vez primera "La consagración de la primavera
al comienzo de la presentación el público empezó a silba
pensando que era una mala interpretación de los músicos y n
una nueva manera de componer música. A causa de esto, en e
teatro se dio una verdadera pelea, en el que la policía tuvo qu
intervenir. Aquello era el inicio de un momento histórico, un
revolución musical. Con el tiempo Stravinsky alcanzó una
inmensa fama, viajaba a las capitales más importantes de
mundo y era recibido con honores.

Tenía un hábito peculiar que le ayudaba a estimular su
creatividad y concentración: **dedicaba quince minutos**
todas las mañanas a pararse en la cabeza. Aunque pueda
parecer extraño, esta práctica tenía un propósito profundo y
significativo en su rutina diaria.

Pararse en la cabeza, o realizar una posición de inversión
similar, es una técnica utilizada en disciplinas como el yoga y
la meditación. Esta postura particular involucra invertir la
posición normal del cuerpo, lo que implica elevar las piernas y

colocar la cabeza en el suelo, ya sea apoyada en las manos o en una estera.

Para Stravinsky, esta práctica tenía varios beneficios. En primer lugar, le permitía **desafiar la perspectiva tradicional** y explorar nuevas formas de ver el mundo. La inversión física reflejaba su enfoque innovador en la música, donde buscaba constantemente desafiar las convenciones y explorar nuevos horizontes sonoros.

Además, pararse en la cabeza era una forma de meditación para Stravinsky. Al invertir su cuerpo y cambiar su punto de vista físico, encontraba un estado de tranquilidad y enfoque mental. Esta posición invertida ayudaba a liberar su mente de distracciones externas y a cultivar una mayor conciencia interna. Durante esos quince minutos, se sumergía en un espacio de introspección y concentración, lo que le permitía conectarse más profundamente con su creatividad y encontrar inspiración para sus composiciones.

Otra práctica distintiva que contribuía a su proceso creativo era aislarse por completo cuando componía, asegurándose de que nadie pudiera escucharlo tocar. Esta búsqueda de soledad y privacidad le permitía sumergirse en un estado de concentración profunda y libertad creativa.

Stravinsky creía firmemente en la importancia de la concentración total al componer. Para lograr esto, se alejaba de las distracciones externas y buscaba un ambiente donde pudiera enfocarse por completo en su música. Prefería trabajar en soledad, lejos de la presencia, los oídos y el juicio de otras personas, ya que esto le permitía explorar libremente su creatividad y experimentar con nuevas ideas sin preocuparse por la opinión de los demás.

Este aislamiento también tenía un propósito práctico. Al componer, necesitaba escuchar su música internamente, sentir cada nota y matiz en su mente y cuerpo. Al asegurarse de que nadie pudiera oírlo, podía sumergirse en un mundo sonoro personal y explorar sus propias ideas sin restricciones. Esta intimidad le brindaba la libertad de probar diferentes enfoques y llevar su música en direcciones inesperadas.

La rutina personal del compositor reflejaba su disciplina y enfoque en su trabajo creativo. Aunque cada día podía variar, seguía una estructura general que le permitía mantener un equilibrio entre su vida personal y profesional.

La mañana era el momento clave para Stravinsky. Se despertaba temprano, alrededor de las ocho de la mañana, y comenzaba su día con una rutina de ejercicios de quince minutos, donde practicaba su ya referido hábito de pararse de cabeza. Después de su breve sesión de ejercicio, se tomaba el tiempo para desayunar con calma y placer, nutriendo su cuerpo antes de sumergirse en su trabajo creativo. A continuación, ingresaba a su estudio, donde dedicaba entre tres y cuatro horas diarias a componer, independientemente de si se sentía o no inspirado en ese momento. Esta disciplina le permitía mantener un flujo constante de trabajo y no depender únicamente de la inspiración para crear música.

En las tardes, Stravinsky se ocupaba de otras tareas relacionadas con su carrera y vida personal. Esto incluía escribir cartas, copiar partituras, practicar el piano y ocuparse de asuntos financieros. La escritura de cartas le permitía mantener conexiones con otros músicos, intelectuales y colaboradores, y también le brindaba la oportunidad de reflexionar y expresar sus ideas fuera de la composición musical. Además, el trabajo de copiar partituras y practicar el piano le permitía perfeccionar su técnica y mantenerse conectado con la música en un nivel más práctico.

Su rutina que lo hizo productivo era una combinación de disciplina, dedicación y equilibrio. Una de sus frases era: "No vivo ni en el pasado ni en el futuro; estoy afirmado en el presente", lo cual expresa su enfoque en vivir plenamente en el presente y su reconocimiento de que solo puede estar seguro de lo que tiene frente a él en el momento actual.

En lugar de preocuparse por eventos pasados o por lo que depara el futuro, Stravinsky opta por atenerse a lo que sabe con certeza en el presente. Esta actitud implica **centrarse en el aquí y ahora, en lo que está sucediendo en el momento** presente y en las oportunidades y desafíos que tiene ante él. El arte ocurre en el presente, en el momento de crear que es ahora, aunque refleje nostalgias del pasado o inquietudes por el futuro.

Esta forma de pensar se relaciona con el concepto moderno de mindfulness, que implica estar consciente y plenamente presente en el momento actual, sin juzgar ni dejarse llevar por pensamientos o preocupaciones innecesarias.

VIRGNIA WOOLF, LA DISCIPLINA DEL DIARIO

Escritora y feminista británica del siglo XX, autora de célebres novelas como *Al faro* y *Las Olas* Virginia Woolf, tuvo una infancia poco convencional en términos de educación. A diferencia de la mayoría de los niños de su época, no asistió a la escuela formalmente. En cambio, recibió su educación en el hogar bajo la tutela de sus padres y sus hermanos mayores.

Desde temprana edad, Virginia fue alentada por su familia a desarrollar su amor por la lectura y la escritura. Su padre, Sir Leslie Stephen, era un destacado escritor y editor, lo que influyó en su entorno literario desde el principio. La casa de los Woolf era un lugar donde se fomentaba la discusión intelectual y se valoraba la creatividad.

A pesar de no haber asistido a la escuela, Virginia Woolf tuvo acceso a una amplia gama de libros y recursos educativos en su hogar. Su **autodidactismo y su curiosidad natural** la llevaron a explorar diferentes áreas del conocimiento, desde literatura y la historia hasta la filosofía y las ciencias sociale Pasaba horas leyendo en la biblioteca familiar y participand en conversaciones estimulantes con su padre y sus hermano:

Esta educación informal le permitió desarrollar una men independiente y crítica, y le brindó la libertad de explorar su propias ideas y perspectivas sin las restricciones de un plan d estudios tradicional. Además, la falta de estructura escolar l dio tiempo y espacio para desarrollar su creatividad y su pasió por la escritura.

La infancia de Virginia Woolf, lejos de las aulas escolares puede considerarse un factor influyente en su posterior carrer literaria. Su enfoque único y su estilo innovador en la escritur reflejan su educación autodidacta y su capacidad para cuestionar las convenciones establecidas. A través de su obra dejó una marca perdurable en la literatura moderna convirtiéndose en una de las voces más influyentes de su tiempo.

Su vida no fue fácil. Experimentó una serie de golpes emocionales que influyeron significativamente en su obra y en su salud mental. Estos eventos traumáticos comenzaron con la repentina muerte de su madre, seguida del fallecimiento de su hermana Stella. Estas pérdidas tempranas dejaron una profunda huella en su vida y contribuyeron a sufrir trastornos psiquiátricos, siendo diagnosticada con un posible trastorno bipolar con fases depresivas severas.

Además de las tragedias familiares, Virginia Woolf fue víctima de abuso por parte de sus hermanastros, lo que agravó su desconfianza hacia los hombres y moldeó una visión feminista de las mujeres. Estas experiencias personales marcadas por el dolor y la adversidad se reflejan en gran medida en su literatura, donde aborda temas relacionados con la identidad, la opresión de género y la fragilidad de la mente humana.

Logró convertir sus experiencias en el sustrato de su obra. *La señora Dalloway* se considera un hito en su carrera literaria. En esta novela, Woolf utiliza una narrativa innovadora al presentar los eventos desde la perspectiva íntima de cada personaje. A través de técnicas como el monólogo interior, logra sumergir al lector en la complejidad emocional de sus personajes, explorando sus pensamientos, deseos y miedos más profundos, reflejando así la sensibilidad y la introspección que caracterizan su escritura.

A pesar de lo atormentada que vivía debido a sus trastornos mentales, fue magistralmente creativa y productiva, puesto que, **sin falta, escribía todos los días dos horas y media** por la mañana, excepto los domingos. A lo largo de su vida como escritora, durante 26 años escribió de forma regular su propio diario, allí relató toda su historia.

A pesar de las tormentas emocionales que atravesaba, Virginia Woolf demostró una increíble creatividad y productividad en su vida como escritora. Una de las claves de su éxito radicaba en su compromiso con la escritura diaria. Esta práctica constante de escribir en su diario le permitió cultivar el hábito de la constancia y la disciplina. Al llevar un registro minucioso y regular de su vida, Woolf desarrolló una habilidad para observar y reflexionar sobre su mundo interno de manera consistente. El acto de escribir todos los días se convirtió en una parte integral de su rutina y una forma de dar sentido a sus pensamientos y emociones.

El diario de Virginia Woolf fue su espacio seguro, su "habitación propia" donde podía expresarse libremente y explorar sus ideas más íntimas. A través de sus páginas, relató su historia con honestidad y valentía, sin importar cuán oscuros o complejos fueran sus pensamientos. Esta práctica de escritura constante no solo le brindaba un escape creativo, sino que también le permitía reflexionar sobre su propia identidad y encontrar significado en sus experiencias.

La constancia y la disciplina que Woolf cultivó a través de la escritura de sus diarios se extendieron más allá de esta práctica. También se reflejaron en su trabajo como escritora de ficción, donde se esforzaba por **mantener un ritmo regular de escritura y cumplir con sus compromisos literarios.**

La escritura de un diario exige dedicación y perseverancia, ya que requiere el compromiso de registrar de manera minuciosa y constante los pensamientos y experiencias de uno mismo. El hábito desarrollado por Woolf al mantener su diario contribuyó a su productividad y creatividad general como escritora, al tiempo que le proporcionó una forma de autodescubrimiento y expresión personal.

Virginia Woolf, al igual que otros destacados escritores como Charles Dickens, Ernest Hemingway y Philip Roth, **tenía un hábito peculiar al momento de escribir: lo hacía de pie**. Para adaptarse a esta forma de trabajar, diseñó un escritorio alto y angular específicamente diseñado para escribir en esa posición.

Este enfoque inusual refleja la forma en que Woolf concebía su escritura. Para ella, sus textos eran como un lienzo en el que un pintor se aleja y se acerca para obtener diferentes perspectivas tal como sus novelas incluyen la visión íntima de diferentes personajes. Esta práctica se asemeja a la forma en que los pintores observan su obra en progreso. Así como un pintor se aleja y se acerca para evaluar y ajustar su trabajo, Woolf adoptaba una postura similar al escribir de pie. Esta práctica le permitía tener una conexión más íntima con su obra y examinarla desde diferentes perspectivas, buscando la armonía y la perfección en cada palabra y frase.

Aunque la imagen típica de un escritor implica sentarse frente a un cuaderno o una máquina de escribir, Woolf desafió estas convenciones y exploró nuevas formas de acercarse a su arte. Woolf tenía un espacio dedicado específicamente a su escritura. Tenía un estudio en su casa, conocido como "la habitación propia", donde se retiraba para trabajar.

"La habitación propia" es un concepto clave en el ensayo homónimo escrito por ella en 1929, donde aborda la desigualdad de género y la falta de oportunidades para las mujeres en el campo de la escritura y la creación artística. El título hace referencia tanto a un espacio físico como a una metáfora simbólica. En el ensayo, Woolf argumenta que para que una mujer pueda desarrollar plenamente su potencial como escritora, necesita **tener su propio espacio personal y**

una independencia económica que le permita dedicar tiempo y energía a su trabajo creativo.

Woolf sostiene que a lo largo de la historia, las mujeres han sido excluidas de los espacios de poder y privadas de recursos y oportunidades para la expresión artística. En ese contexto, la idea de "la habitación propia" representa la necesidad de que las mujeres tengan un espacio físico y emocional donde puedan explorar libremente su creatividad, lejos de las expectativas y limitaciones impuestas por la sociedad patriarcal.

En "La habitación propia", Woolf aboga por la importancia de la autonomía femenina, la igualdad de oportunidades y el acceso a la educación y los recursos necesarios para el desarrollo artístico. El ensayo se convirtió en un texto influyente en el movimiento feminista y ha sido considerado una obra fundamental en la lucha por los derechos de las mujeres y la igualdad de género en la esfera creativa y literaria. Con esta idea convirtió algo material y concreto, como un espacio privado para escribir en algo simbólico: un espacio para la mujer en la sociedad.

La combinación de tener un espacio dedicado y una rutina establecida para escribir, junto con el hábito de mantener un diario personal, evidencia la importancia que Woolf le daba

la escritura en su vida. Estos hábitos le proporcionaba

estructura, disciplina y un espacio propicio para desarrollar s

creatividad y explorar sus ideas literarias.

JACK MA,
NO INVENTAR LA RUEDA

Fundador de Alibaba Group, un imperio de comercio electrónico de gran éxito en China, Jack Ma es una de las personas más acaudaladas del mundo.

La historia del aprendizaje del idioma inglés de este empresario es una muestra de su determinación y creatividad desde una edad temprana. A pesar de no tener acceso a una educación formal en inglés, buscó una oportunidad para aprender de manera autodidacta y práctica.

Al interactuar con turistas extranjeros y ofrecerles recorridos en bicicleta por la ciudad, pudo establecer un intercambio mutuamente beneficioso. Mientras él compartía su conocimiento local y les mostraba los lugares de interés, los turistas le brindaban la oportunidad de practicar y mejorar sus habilidades en inglés.

Esta experiencia demuestra su ingenio y su disposición para **aprovechar las oportunidades disponibles para alcanzar sus metas**. A través de su determinación y el deseo de aprender, logró dominar el inglés de una manera única y pragmática.

Este episodio de su infancia también refleja su enfoque hacia la resolución de problemas y la búsqueda de soluciones creativas. En lugar de lamentarse por la falta de recursos educativos formales, **encontró una manera de aprovechar su entorno y establecer conexiones significativas** que le permitieron adquirir un valioso conjunto de habilidades lingüísticas.

La historia del aprendizaje de este empresario subraya la importancia de la autodisciplina, la iniciativa personal y la capacidad de adaptarse a las circunstancias para superar obstáculos y alcanzar el éxito. Es un testimonio de su mentalidad emprendedora y su disposición para aprovechar las oportunidades que se le presentan, incluso en situaciones aparentemente desfavorables.

La historia de Jack Ma es un ejemplo inspirador de perseverancia y superación. A pesar de enfrentar múltiples rechazos y contratiempos en su camino hacia el éxito, logró convertirse en uno de los empresarios más exitosos y reconocidos a nivel mundial.

El hecho de ser rechazado por la Universidad de Harvard en diez ocasiones y enfrentar numerosos rechazos en el ámbito laboral podría haber desalentado a muchas personas, pero Jack Ma demostró una inquebrantable determinación y una **mentalidad resiliente**. En lugar de rendirse, utilizó estos obstáculos como motivación para buscar nuevas oportunidades y seguir adelante.

El icónico rechazo para un puesto en KFC, donde fue el único de los 24 aspirantes que no fue contratado, es un ejemplo poderoso de cómo el fracaso no define el destino de una persona. En lugar de permitir que esto lo desmoralizara, Jack Ma encontró una fuerza interna para seguir persiguiendo sus sueños y construir su propio camino hacia el éxito.

El punto de inflexión en su vida llegó en 1999, cuando reunió $60,000 con la ayuda de 18 amigos y lanzó Alibaba, su plataforma de comercio electrónico. Este evento marcó el inicio de su ascenso meteórico en el mundo empresarial y se convirtió en un hito clave en su carrera.

El hecho de que Jack Ma haya logrado reunir ese capital inicial y haya establecido Alibaba en su pequeño departamento muestra su visión emprendedora, su capacidad para aprovechar las oportunidades y su enfoque en la innovación. A través de una reunión de video, pudo comunicarse y conectar con inversores y colaboradores clave, sentando las bases para el éxito futuro de Alibaba.

Pese al gran éxito de Alibaba, Jack Ma se ha sincerando en varias oportunidades con los medios, al compartir que usó por primera vez un computador a sus 31 años, además de confesar para sorpresa de muchos que no es una persona que tenga muchos conocimientos tecnológicos.

Entre sus métodos de trabajo, ha sido promotor de la **rutina 9-9-6**. Esta práctica implantada por Jack Ma en Alibaba ha sido objeto de atención y debate por su impacto en la productividad y el bienestar de los empleados. Esta rutina se basa en trabajar de nueve a nueve durante seis días a la semana, lo que implica jornadas laborales de 12 horas.

El objetivo detrás de la rutina 9-9-6 era maximizar la eficiencia y la producción en Alibaba, especialmente en un entorno altamente competitivo como la industria tecnológica en China. Al extender las horas de trabajo y fomentar una cultura de dedicación y compromiso, se esperaba que la empresa pudiera avanzar rápidamente en términos de desarrollo de productos, innovación y crecimiento.

Si bien la rutina 9-9-6 fue una estrategia utilizada por Jack Ma en Alibaba para maximizar la productividad, también ha sido objeto de críticas debido a sus implicaciones en el bienestar de los empleados. El equilibrio entre la productividad y el bienestar es un tema en constante evolución en el entorno laboral, y las empresas están buscando formas más sostenibles y saludables de promover el rendimiento y el éxito empresarial.

Una de las lecciones más importantes que Jack Ma aplica es la perspectiva de Forrest Gump. Este personaje de ficción se ha convertido en el favorito de Ma, quien ha visto la película múltiples veces y la utiliza como fuente de inspiración cuando se siente frustrado. Para el empresario chino, el personaje de Forrest Gump representa el espíritu emprendedor exitoso a través del cual Ma ve a alguien que no se deja vencer por los obstáculos y persiste a pesar de las dificultades. La determinación y la capacidad de superar los desafíos son características que Ma considera fundamentales para el éxito empresarial.

El empresario relaciona su propia experiencia con la de Forre
Gump, destacando que si no hubiera sido optimista
perseverante, no habría sobrevivido durante quince añc
trabajando en el mundo de Internet en China. Esta referenc
muestra cómo Ma encuentra inspiración en el persona
ficticio para mantenerse motivado y enfrentar los desafíos d
su carrera.

La lección que se puede extraer de esta perspectiva es que e
optimismo, la perseverancia y la capacidad de superar lo
obstáculos son cualidades clave para alcanzar el éxito com
emprendedor. Inspirarse en ejemplos positivos, ya sea
personajes de ficción o personas reales, puede ayudar a
mantener la mentalidad adecuada y la determinación necesaria
para superar las dificultades en el camino.

Otra valiosa lección para la productividad de Jack Ma es la
importancia de **aprender de los mejores y rodearse de**
personas talentosas. En su trayectoria como empresario, Ma
reconoció la necesidad de contar con un equipo competente y
diverso para impulsar el crecimiento de Alibaba.

Para lograr esto, Ma contrató a ejecutivos extranjeros,
aprovechando sus habilidades y experiencias para enriquecer
la empresa con perspectivas globales. Al fusionar ideas de

diferentes partes del mundo, Alibaba pudo innovar y adaptarse a los cambios del mercado de manera más efectiva.

Además, cultivó relaciones con influyentes líderes empresariales como Jerry Yang, co-fundador de Yahoo, y Masayoshi Son, presidente de Softbank. Estos empresarios no solo brindaron inversiones multimillonarias clave para Alibaba, sino que también se convirtieron en mentores y asesores suyos. A través de estas conexiones, Ma pudo aprender de su experiencia y conocimiento, lo que contribuyó al crecimiento acelerado de su empresa.

Las alianzas estratégicas desempeñan un papel fundamental en el logro de proyectos, ya que no solo permiten capitalizarlos, sino también enriquecerlos con el aporte de personas con experiencia. Al unir fuerzas con personas y organizaciones experimentadas, se pueden aprovechar sus fortalezas y aprovechar su experiencia acumulada. Esto no solo acelera el desarrollo del proyecto, sino que también aporta un mayor nivel de calidad y efectividad.

Aunque Jack Ma se retiró como CEO de Alibaba en 2019, su influencia y presencia siguen siendo notables en la empresa. Los empleados lo consideran una figura paterna, un gurú y un líder inspirador. Este ambiente y relación con los empleados ha sido un factor clave en la productividad de la empresa, incluso en medio de las exigentes horas de trabajo.

El secreto de Jack Ma para mantener un ambiente productivo radica en su capacidad para **generar un sentido de propósito y motivación en sus empleados**. Él no solo se enfoca en los resultados financieros, sino que también se preocupa por el crecimiento personal y profesional de su equipo. Su estilo de liderazgo se basa en la confianza, el respeto y el fomento de un espíritu emprendedor. Ma cultivó una cultura en la que los empleados se sienten valorados, escuchados y apoyados. Les brinda oportunidades para aprender y crecer, fomenta la creatividad y la innovación, y promueve un ambiente de trabajo colaborativo. Además, él mismo es un ejemplo de perseverancia y superación, lo que inspira a los empleados a dar lo mejor de sí mismos.

El éxito estratégico de Jack Ma no radicó en reinventar la rueda, sino en innovar sobre lo que ya existía. Como empresario visionario, comprendió la importancia de construir sobre los cimientos de ideas previas y adaptarlas de manera específica para el mercado chino.

Si bien el concepto de ventas en línea ya existía a finales del siglo XX, Ma supo identificar las necesidades y particularidades del mercado chino, y desarrolló Alibaba como una plataforma de comercio electrónico que se ajustaba perfectamente a las características del mercado de su país, en otras palabras, aprovechó su profundo conocimiento del entorno empresarial y cultural de China para crear un modelo de negocio único y exitoso.

La clave de su estrategia fue combinar elementos innovadores con lo conocido. En lugar de empezar desde cero, Ma se basó en las mejores prácticas y lecciones aprendidas de otros mercados y empresas, adaptándolas y mejorándolas para satisfacer las demandas del mercado chino.

Además de las estrategias mencionadas, Jack Ma ha implementado otras prácticas clave que han contribuido a su éxito:

Rodearse de jóvenes: Ma ha reconocido la importancia de contar con un equipo de personas jóvenes y dinámicas. Ha buscado reclutar y formar talento joven, proporcionándoles oportunidades de crecimiento y fomentando un ambiente de innovación y energía en Alibaba. Esta estrategia le ha permitido mantenerse a la vanguardia de las tendencias y adaptarse rápidamente a los cambios del mercado.

Soñar a lo grande: Ma ha alentado a los emprendedores a tener grandes sueños y metas ambiciosas. Él mismo ha demostrado que no hay límites para lo que se puede lograr si se tiene una visión clara y se trabaja arduamente para alcanzarla. Ha inspirado a otros a pensar en grande y a desafiar los convencionalismos, creyendo en el potencial ilimitado de las personas para lograr cosas extraordinarias.

No perder el foco en la familia: A pesar de su éxito empresarial, Jack Ma ha valorado profundamente la importancia de la familia. Ha destacado la necesidad de equilibrar el trabajo con el tiempo dedicado a los seres queridos. Para él, el verdadero éxito va más allá de los logros profesionales y se relaciona con la felicidad y la armonía en todos los aspectos de la vida.

La alegría y el espíritu festivo de Jack Ma se manifestaban en las celebraciones algo extravagantes de fin de año que organizaba para los empleados de Alibaba.

Una de las características más llamativas de estas divertidas fiestas era la participación activa de Jack Ma. No se limitaba a ser un simple espectador, sino que se entregaba por completo al espíritu festivo y se convertía en el centro de atención. Vestido con disfraces extravagantes, como una larga peluca rubia o imitando a personajes famosos como Michael Jackson, Ma demostraba su carisma y su disposición para entretener a su equipo.

Estas actuaciones en las fiestas de fin de año no solo reflejaban su espíritu lúdico, sino que también transmitían un mensaje importante sobre **la importancia de disfrutar el trabajo** y mantener un ambiente positivo en la empresa.

Estas fiestas anuales se convirtieron en un símbolo de la cultura corporativa de Alibaba, donde se fomentaba la colaboración, el compañerismo y la diversión y se convirtieron en una tradición en Alibaba y dejaron una huella duradera en la cultura corporativa de la empresa.

LEONARDO DA VINCI,
EL PODER DE LAS SIESTAS CORTAS

Da Vinci es sinónimo de genio, fue un hombre de múltiples talentos y conocimientos. Fue pintor, arquitecto, filósofo, músico, botánico, escultor, poeta e ingeniero, entre otras cosas. Su versatilidad lo convierte en un ícono fascinante, y su sabiduría se refleja en su excelencia en diversas áreas del conocimiento.

Además de su increíble habilidad en las artes, Da Vinci fue pionero en la aplicación del método científico. Esto queda evidenciado en los aproximadamente 50.000 documentos multidisciplinarios que dejó, aunque solo se han conservado alrededor de 10.000 de ellos. Sus contribuciones trascendieron la pintura y han inspirado disciplinas tan diversas como la gastronomía, ingeniería, anatomía y diseño.

A Leonardo Da Vinci siempre le llamó la atención el vuelo de las aves, tanto así, que estaba obsesionado con que el ser humano las llegara a imitar algún día, esto se puede evidenciar en todos los dibujos que realizaba respecto a esta idea que tenía. Estos bocetos contribuyeron a inventos como el helicóptero y el paracaídas.

También inventó las tijeras, el traje de buzo, y artefactos para la guerra. Dada su pasión por la cocina, creó el asador, el tenedor, la servilleta y un prensador para ajos.

Como artista, pintó 204 obras, las dos más conocidas son: *La Gioconda*, también conocida como *La Monalisa*, y *La Última Cena*.

Leonardo da Vinci, reconocido por su inmenso legado en el arte y la ciencia, también era conocido por su enfoque innovador en cuanto al descanso y la productividad. Una de las técnicas que aplicaba era el **sueño polifásico**, un patrón de sueño alternativo que difiere del modelo tradicional de varias horas de descanso nocturno.

El sueño polifásico consiste en dividir el tiempo de sueño en varias siestas más cortas a lo largo del día, en lugar de tener un período de sueño continuo durante la noche. Este enfoque tiene como objetivo **maximizar el tiempo de vigilia y aumentar la productividad en las horas diurnas**. En lugar de pasar horas ininterrumpidas durmiendo, Da Vinci buscaba obtener **momentos de descanso más breves, pero más frecuentes**.

Esta técnica permitía a Da Vinci ganar más tiempo para dedicarse a sus numerosos proyectos y estudios. Al aprovechar las siestas cortas, lograba descansar y recargar energías sin perder largos períodos de tiempo. Su capacidad para fragmentar el sueño de esta manera le brindaba **más horas disponibles para trabajar** en sus pinturas, investigaciones científicas y diversas áreas de interés.

Aunque el sueño polifásico puede resultar desafiante para muchas personas debido a su falta de conformidad con el patrón de sueño tradicional, Da Vinci lo adoptó como parte de su estilo de vida para optimizar su tiempo y rendimiento. Esta técnica requería disciplina y adaptación, pero le permitía a Da Vinci mantenerse alerta y enfocado a lo largo del día, evitando largos períodos de somnolencia que podrían afectar su productividad.

La aplicación del sueño polifásico en la vida de Da Vinci es solo un ejemplo más de su enfoque innovador y su búsqueda constante de nuevas formas de optimizar su tiempo y creatividad. A través de su experimentación personal, demostró que existen diferentes enfoques para el descanso y la productividad, y que **vale la pena explorar alternativas fuera de los modelos convencionales** si se busca alcanzar un mayor rendimiento en las actividades diarias.

Uno de los hábitos más destacados de Leonardo da Vinci fue su afición por escribir un diario personal. A través de sus escritos, podemos encontrar frases memorables que revelan su filosofía de vida y su enfoque hacia el aprendizaje y la acción. En una de sus citas más conocidas, expresó: "Así como el hierro se oxida por falta de uso, también la inactividad destruye el intelecto". Esta frase resalta **la importancia de mantenerse activo y en constante búsqueda de conocimiento** para evitar la oxidación mental y el estancamiento.

Otra cita significativa de Da Vinci es: "El que se enamora de la práctica sin ciencia es como el marino que sube al navío sin timón ni brújula, sin saber con certeza hacia dónde va". Con esta frase, Da Vinci enfatiza la necesidad de combinar la experiencia práctica con un fundamento sólido de conocimiento científico. Destaca la importancia de entender el porqué y el cómo de las cosas antes de embarcarse en cualquier tarea.

Es interesante destacar que la condición disléxica de Leonardo da Vinci pasó a convertirse un aspecto fascinante de su vida y trabajo. Al igual que otros genios de la historia, como Albert Einstein y Thomas Edison, **Da Vinci enfrentó dificultades en el ámbito de la lectura, escritura y ortografía**. Su estilo de escritura peculiar, que consistía en escribir de izquierda a derecha, es uno de los indicios que revelan su dislexia.

La dislexia es un trastorno del aprendizaje que afecta la capacidad de leer, escribir y procesar el lenguaje de manera convencional. En el caso de Da Vinci, su ortografía errática y su tendencia a iniciar múltiples proyectos sin completarlos podrían ser atribuidos a la posible manifestación de un trastorno de atención, como el trastorno de atención con hiperactividad (TDAH). Estas características pueden haber dificultado su capacidad para seguir un camino lineal o mantenerse enfocado en una sola tarea.

Sin embargo, estas características no limitaron la genialidad de Da Vinci. Por el contrario, su mente inquieta y curiosa le permitió abordar múltiples disciplinas, desde la pintura y la escultura hasta la anatomía, la ingeniería y la botánica. Da Vinci era conocido por su habilidad para combinar el arte y la ciencia, rompiendo barreras y desarrollando nuevas perspectivas en cada área que exploraba.

Su dislexia y posible trastorno de atención de puede haber sido desafíos en su vida cotidiana, pero tambié pueden haber contribuido a su enfoque único y s capacidad para encontrar soluciones innovadoras. Esta características, junto con su incansable curiosidad y s búsqueda constante de conocimiento, fueron elemento fundamentales en el legado dejado por este genio renacentista.

La personalidad de Leonardo da Vinci fue sin duda un factor determinante en su genialidad y en su forma de abordar e mundo. Su amor por los animales, en particular por los gatos, revela un aspecto de su sensibilidad y empatía hacia otras formas de vida.

Su sensibilidad hacia la vida y su rechazo al sufrimiento también pueden haberse extendido a su obra de arte y a sus investigaciones científicas. Como artista, buscó capturar la belleza y la vitalidad de la vida en sus pinturas y esculturas, y su estudio detallado de la anatomía humana y animal refleja su interés por comprender la complejidad y la maravilla de la existencia.

Su mente abierta y su curiosidad insaciable le permitieron explorar y experimentar en diversas áreas, lo que a su vez enriqueció su genialidad y su capacidad para **hacer conexiones entre disciplinas aparentemente dispares**.

MARK ZUCKERBERG, CONFIANZA Y VISIÓN A LARGO PLAZO

Mark Zuckerberg es un empresario estadounidense ampliamente reconocido en todo el mundo, y se destaca como uno de los hombres más ricos según la revista Forbes. Es conocido como el cofundador de Facebook, la popular plataforma de redes sociales que revolucionó la forma en que las personas se conectan y comparten información en línea.

Actualmente, Mark Zuckerberg ocupa el cargo de presidente y director ejecutivo de Meta, la empresa matriz de Facebook. Bajo su liderazgo, Meta ha adquirido y gestionado diversas plataformas de comunicación y redes sociales, incluyendo WhatsApp, Messenger, Facebook e Instagram, consolidando su dominio en el ámbito digital.

Desde su infancia, Mark Elliot Zuckerberg mostró un claro interés por la informática y el desarrollo de programas. Incluso en su etapa escolar, destacó por su inteligencia y brillantez, recibiendo numerosos reconocimientos y premios en el campo de las ciencias. A la edad de 18 años, ya demostraba su **talento emprendedor** al crear Synapse Media Player, un reproductor de música que utilizaba inteligencia artificial para aprender los gustos musicales de los usuarios y generar listas de reproducción personalizadas. Esta innovación temprana en el campo de la inteligencia artificial sentó las bases para su futuro éxito en el ámbito tecnológico.

En 2003, Mark Zuckerberg ingresó a la Universidad de Harvard con el objetivo de estudiar Ciencias de la Computación. Durante su tiempo en la universidad, surgió en él un espíritu emprendedor que lo llevó a desarrollar una idea innovadora: crear un sitio web que permitiera a los estudiantes conectarse y compartir información entre ellos.

Con esta visión en mente, Zuckerberg fundó The Facebook en febrero de 2004. El sitio web, inicialmente limitado a estudiantes de Harvard, se convirtió rápidamente en un éxito entre la comunidad estudiantil. The Facebook permitía a los usuarios crear perfiles personales, agregar amigos y compartir actualizaciones, intereses y fotografías. La idea detrás de The Facebook era simple pero poderosa: proporcionar una plataforma en línea donde los estudiantes pudieran conectarse y establecer relaciones sociales en un entorno digital.

La popularidad de The Facebook se expandió rápidamente y generó un gran interés más allá de Harvard. Con el objetivo de aprovechar este potencial crecimiento, Zuckerberg decidió expandir el sitio a otras universidades en los Estados Unidos y, eventualmente, a universidades de todo el mundo.

Este enfoque inicial en la conexión entre estudiantes fue fundamental para el éxito de Facebook. Permitió a los usuarios establecer relaciones y redes sociales en un contexto académico, facilitando la comunicación y el intercambio de información entre ellos. A medida que el sitio creció en popularidad y alcance, se convirtió en una plataforma que trascendió los límites universitarios, llegando a personas de todas las edades y ubicaciones geográficas, hasta ser el gigante monstruo omnipresente que es hoy.

Entre sus hábitos de éxito ha establecido la lectura como una parte importante de su rutina diaria. Desde 2015 se propuso el desafío personal de **leer al menos dos libros por mes**, lo cual ha demostrado su compromiso con el **aprendizaje constante y la búsqueda de nuevas ideas**.

A través de la lectura, Zuckerberg ha encontrado una fuente inagotable de conocimiento y satisfacción intelectual. Al

sumergirse en libros de diversos géneros y temas, ha ampliado
su perspectiva, adquirido nuevas ideas y ha sido inspirado por
autores de renombre.

Un ejemplo de un libro que ha impactado en la forma de
pensar de Zuckerberg es *Sapiens: De animales a dioses* de Yuval
Noah Harari. Este libro aborda la historia de la humanidad
plantea reflexiones sobre la evolución de nuestra especie y el
impacto de nuestras acciones en el mundo. Otro libro que ha
mencionado como influyente es *The Innovator's Dilemma* de
Clayton Christensen, que explora los desafíos que enfrentan
las empresas establecidas frente a la innovación disruptiva.

El compromiso de Zuckerberg con la lectura no solo se limita
a libros impresos, también aprovecha la tecnología para
acceder a contenido digital. A través de su plataforma,
Facebook, ha promovido la creación de grupos de lectura y ha
compartido recomendaciones de libros con sus seguidores.

Este hábito de lectura ha influido en su pensamiento y en su
capacidad para liderar y **tomar decisiones informadas**. La
lectura le brinda nuevas perspectivas, estimula su creatividad y
lo mantiene actualizado en diversos temas, lo que le permite
tomar mejores decisiones para su empresa y enfrentar los
desafíos del mundo empresarial en constante evolución.

Otra cualidad cultivada que ha contribuido a la productividad de Mark Zuckerberg es **su habilidad para hablar múltiples idiomas**. Se destaca por su fluidez en francés, hebreo, latín, griego antiguo y mandarín. Esta capacidad políglota le ha permitido establecer conexiones y comunicarse con personas de diferentes culturas y regiones del mundo, lo cual es especialmente valioso en el ámbito empresarial global.

El dominio de varios idiomas no solo facilita la comunicación, sino que también amplía su visión y perspectiva sobre diferentes culturas y tradiciones. Esto le ha brindado una ventaja competitiva en la construcción de relaciones internacionales y la identificación de oportunidades comerciales en mercados internacionales.

La confianza absoluta que Zuckerberg tiene en sus propios desarrollos ha sido una característica inigualable en su trayectoria como emprendedor. Desde los primeros días de Facebook, se mantuvo firme en su visión y se negó a aceptar ofertas de compra de otras compañías, incluso cuando estas ofrecían sumas astronómicas.

Uno de los secretos de productividad de Mark Zuckerberg radica en su enfoque de **abordar primero las tareas más**

fáciles antes que las más complejas. Esta estrategia se basa en la creencia de que al hacer las cosas más fáciles en primer lugar, se genera un impulso positivo que impulsa el progreso en general. Según el CEO de Facebook, al enfocarse en las tareas más sencillas al comienzo, se crea un efecto de bola de nieve que ayuda a ganar impulso y energía para abordar los desafíos más difíciles más adelante.

Este enfoque tiene varias ventajas. En primer lugar, **comenzar con tareas más fáciles brinda una sensación de logro y satisfacción temprana, lo que aumenta la motivación y la confianza en uno mismo**. Al completar rápidamente las tareas más sencillas, se crea un impulso positivo que ayuda a superar la procrastinación y a mantenerse enfocado en las tareas más desafiantes.

Esta estrategia no implica evitar las tareas difíciles o posponerlas indefinidamente. En cambio, se trata de **establecer un orden de prioridades** que permita **aprovechar el impulso inicial** para abordar las tareas de manera más eficiente y efectiva. Al dividir el trabajo en etapas y abordar primero las tareas más fáciles, se crea un flujo de trabajo más fluido y productivo.

Otra de las claves del éxito de Mark Zuckerberg es su disposición a asumir riesgos. Una de sus frases célebres es: "El mayor riesgo es no tomar ningún riesgo. En un mundo que cambia muy rápido, la única estrategia que garantiza fallar es no correr riesgos". Esta mentalidad audaz y emprendedora le ha permitido enfrentar desafíos y aprovechar oportunidades en un entorno altamente competitivo.

Además de su formación en ciencias de la computación, otro factor clave del éxito de Zuckerberg es su conocimiento en psicología. Estudiar psicología le ha brindado una perspectiva única sobre cómo las personas interactúan y se relacionan entre sí. Esta comprensión de la psicología social ha sido fundamental para el diseño de las plataformas de redes sociales que ha desarrollado. Zuckerberg ha sido capaz de pensar en términos de cómo las personas se conectan, comparten información y se relacionan en línea, lo cual ha sido una de las claves del éxito de su empresa. **Su conocimiento en psicología le ha permitido comprender las necesidades y motivaciones de los usuarios, lo que ha contribuido a crear productos y servicios que se adaptan a esas necesidades**. También ha sido capaz de analizar el comportamiento de los usuarios y utilizar esa información para mejorar continuamente la experiencia en sus plataformas. Este enfoque centrado en el usuario ha sido fundamental para el crecimiento y la lealtad de los usuarios de Facebook, así como para la expansión de su imperio tecnológico.

Uno de los hábitos peculiares de este CEO es su elección de consumir exclusivamente carne que él mismo caza. Mark Zuckerberg se propuso la meta de cazar su propia carne como una forma de tener un mayor control sobre su dieta y adoptar prácticas más sostenibles. Según él, esta experiencia le ha permitido comer de manera más saludable y también ha aprendido mucho sobre prácticas de caza responsable y respetuosa con el medio ambiente.

Otro de sus hábitos característicos es su **estilo de vestimenta consistente y minimalista**. Zuckerberg ha optado por usar una remera gris, pantalones oscuros y zapatillas deportivas en la mayoría de sus apariciones públicas. Esta elección de vestimenta se basa en la idea de minimizar la toma de decisiones triviales y ahorrar tiempo y energía mental para centrarse en asuntos más importantes, tal como hacía Steve Jobs. Al tener un atuendo simple y uniforme, evita invertir tiempo y esfuerzo en decidir qué ponerse cada día, permitiéndole enfocarse en cuestiones más relevantes y estratégicas.

Una de las lecciones más importantes de éxito y productividad que podemos aprender de Mark Zuckerberg es la importancia de tener una visión clara y **enfocarse en objetivos a largo plazo**.

Zuckerberg ha demostrado que es fundamental establecer metas ambiciosas y trabajar de manera constante para alcanzarlas. No se conformó con un producto básico, sino que se esforzó por mejorar y expandir continuamente Facebook, así como adquirir otras plataformas como Instagram y WhatsApp. Su enfoque en la innovación constante y en brindar un valor excepcional a los usuarios ha sido clave para el éxito de su empresa.

LADY GAGA,
TALENTO Y EXTRAVAGANCIA

Stefani Joanne Angelina Germanotta, más conocida como Lady Gaga, es cantante, compositora, bailarina, diseñadora de moda, activista, actriz y productora estadounidense.

Lady Gaga adquirió fama como artista después de lanzar al público su primer álbum llamado *The Fame* en el 2008, tal fue el éxito de su disco, que ocupó el primer lugar en numerosos listados, además de obtener muy buenas críticas.

Lady Gaga es reconocida como una de las artistas más influyentes y exitosas de la industria musical. Su impacto en la cultura popular y su capacidad para reinventarse constantemente han sido elogiados por importantes medios de comunicación.

La revista Time la incluyó en su lista de las 100 personas más influyentes del mundo en múltiples ocasiones, destacando su espontaneidad, creatividad y autenticidad como rasgos distintivos. Gaga ha sabido captar la atención del público con su imagen llamativa y su estilo extravagante, pero también ha demostrado ser una artista talentosa y versátil.

Además de su éxito en la música, Lady Gaga ha ampliado su influencia en otros campos, convirtiendo su imagen en un emporio. Ha incursionado en el mundo de la moda con colaboraciones con reconocidos diseñadores y ha lanzado su propia línea de productos. También ha incursionado en el cine, obteniendo elogios por su actuación en películas como *A Star is Born*, lo que demuestra su versatilidad como artista.

La autenticidad de Gaga ha sido clave en su éxito. A lo largo de su carrera, ha compartido abiertamente sus experiencias personales y ha abogado por causas importantes como la inclusión y los derechos LGBTQ. Su mensaje de aceptación y empoderamiento ha resonado en millones de seguidores alrededor del mundo.

Siendo un personaje tan extravagante, es natural que sus hábitos de productividad también lo sean. Uno de los más llamativos que ha mencionado en entrevistas es su decisión de evitar tener relaciones sexuales como una forma de mantenerse enfocada y preservar su energía creativa. Según sus propias palabras, esta elección le permite **canalizar su energía y concentración en su trabajo artístico**. Es importante destacar que este enfoque puede ser particular de Lady Gaga y no necesariamente aplicable a todas las personas. La creatividad y la productividad son procesos altamente individuales y que lo que funciona para una persona puede no funcionar para otra. Cada individuo tiene su propia dinámica y métodos para maximizar su potencial creativo. Algunos encuentran inspiración en la conexión emocional y la intimidad, mientras que otros pueden preferir la soledad y el enfoque exclusivo en su trabajo.

Otro de los hábitos peculiares que ha compartido con el público es su uso de un huevo gigante como parte de su práctica de meditación y renacimiento espiritual.

En varias ocasiones, Lady Gaga ha llegado a eventos importantes dentro de un huevo gigante llevado en hombros por hombres. Este acto ha generado curiosidad y ha sido objeto de atención de los medios de comunicación. Según sus propias declaraciones, el huevo representa un **espacio sagrado y privado en el que puede sumergirse y meditar**. Para ella, el acto de entrar y salir del huevo simboliza un proceso de renovación y resurgimiento espiritual.

Aunque esto suene una locura, hay que desatacar que los enfoques y rituales de cada persona para la meditación y la conexión espiritual pueden variar ampliamente. Lo que puede parecer extraño o extravagante para algunos puede ser una práctica significativa y personal para otros. En el caso de Lady Gaga, su uso del huevo gigante como parte de su práctica de meditación es un reflejo de su estilo artístico y su búsqueda de significado y conexión espiritual en su vida.

Esta estrategia también puede ser vista como una **táctica inteligente para mantenerse en el centro de atención**, crear impacto y generar interés constante en su persona.

Lady Gaga es conocida por su capacidad de crear controversia y captar la atención de los medios. Su enfoque extravagante y sus elecciones artísticas únicas han contribuido a su éxito y reconocimiento en la industria del entretenimiento. Ella es consciente del poder de la imagen y la atención mediática, y ha sabido aprovecharlo para construir su marca personal.

Detrás de su enfoque extravagante, no obstante, hay una artista talentosa y comprometida con su trabajo. Su éxito y reconocimiento en la industria musical se deben no solo a su habilidad para llamar la atención, sino también a su talento, creatividad y pasión por la música.

Una de las claves del éxito de Lady Gaga radica en su habilidad para reinventar el mundo del pop y establecerse como una superestrella en la industria musical. En un momento en el que el género estaba experimentando cierta obsolescencia, Gaga logró darle un giro mágico y llevarlo a otra dimensión.

Irrumpió en la escena musical con su estilo único y provocativo, combinando moda extravagante, performances impactantes y una voz poderosa. Su enfoque innovador y su capacidad para desafiar las convenciones establecidas en el pop capturaron la atención del público y los medios de comunicación.

Además, Gaga se ha destacado por su habilidad para crear hits contagiosos y pegadizos que resonaban con el público. Sus canciones, con letras significativas y melodías memorables, conectaron emocionalmente con sus seguidores y le valieron un amplio reconocimiento en la industria musical.

Otro factor clave en el éxito de Lady Gaga fue su enfoque en **la autenticidad y la conexión con su audiencia**. A través de su música y su imagen, Gaga ha transmitido un **mensaje de empoderamiento y aceptación de uno mismo**, lo que resonó profundamente con sus seguidores. Su capacidad para ser vulnerable y compartir sus propias experiencias personales también contribuyó a establecer una conexión genuina con su público.

En términos estrictamente musicales, otro factor determinante en el éxito de Lady Gaga es su notable habilidad vocal. Posee una voz potente y versátil, superior a la de muchos otros artistas reconocidos. Desde una edad temprana, Gaga se dedicó a **entrenar y perfeccionar sus pliegues vocales**, lo que le ha permitido desarrollar un amplio rango vocal.

Además, su formación en piano clásico y su experiencia en la composición de letras desde su adolescencia le han brindado una comprensión profunda de la música y le han permitido crear canciones con gran impacto emocional.

Como ya se mencionó, esta artista ha comprendido la importancia del marketing en la industria de la música. Ella ha construido un concepto integral alrededor de su música, que incluye su vestuario, actuaciones en vivo y puesta en escena. Detrás de su imagen extravagante se encuentra un equipo de profesionales que trabajan en conjunto para dar vida a sus ideas y crear una experiencia visual impactante en cada uno de sus conciertos.

La personalidad única de Lady Gaga ha sido fundamental en su camino hacia el éxito. Ella ha abrazado su individualidad y **no ha temido ser diferente en un mundo que busca la conformidad**. Su estilo distintivo y su audacia para desafiar las convenciones han hecho que se destaque en medio de una multitud de artistas, dejando una marca perdurable en la industria musical.

NIKOLA TESLA, OBSESIÓN Y FOCO

Nikola Tesla fue un destacado científico, físico, matemático, mecánico e ingeniero eléctrico serbio-norteamericano del siglo XX, reconocido como uno de los más importantes inventores de la historia. Su trabajo revolucionó el campo de la tecnología y dejó un legado duradero en la humanidad.

A lo largo de su vida, se dedicó incansablemente a desvelar los misterios de la electricidad. Sus investigaciones y descubrimientos en el campo del electromagnetismo marcaron un hito en la evolución tecnológica. Fue pionero en el desarrollo de la conducción de la electricidad y en la transmisión inalámbrica de energía, sentando las bases para los sistemas eléctricos modernos que utilizamos en la actualidad.

Además, desempeñó un papel fundamental en el descubrimiento de los rayos X. Fue uno de los primeros en realizar una radiografía, lo que permitió comprender los efectos de los rayos X en el cuerpo humano y sus aplicaciones en el ámbito médico. Su contribución en este campo abrió las puertas a avances significativos en diagnóstico y tratamiento médico.

Otro aspecto destacado de la investigación de Tesla fue su estudio de las ondas radioeléctricas. Su trabajo en este campo le llevó a diseñar instrumentos para captar y analizar estas ondas, incluso explorando la posibilidad de comunicarse con otros planetas. Sus experimentos sentaron las bases para el posterior desarrollo de la radio y las comunicaciones inalámbricas, transformando la forma en que nos conectamos y comunicamos a nivel global.

Tesla tenía una habilidad excepcional para **visualizar y diseñar mentalmente sus invenciones**. Se ha documentado que era capaz de trabajar sin dibujar planos detallados, confiando en su memoria y capacidad para imaginar y perfeccionar los diseños en su mente. Este detalle lo llevó a una disputa con Guillermo Marconi sobre la invención de la radio. Tesla reclamó que su sistema inalámbrico, basado en principios de ondas electromagnéticas, fue concebido antes que los experimentos de Marconi. Tesla incluso presentó una demanda en 1915 para impugnar la patente de Marconi sobre la radio, argumentando que se basaba en sus propias investigaciones.

Aunque la disputa legal entre Tesla y Marconi continuó durante varios años, en 1943, la Corte Suprema de los Estados Unidos otorgó a Marconi la patente de la radio basándose en su prioridad de demostración práctica. Sin embargo, la comunidad científica reconoce a Tesla por sus contribuciones fundamentales en la tecnología de la radio, incluyendo el desarrollo de circuitos y componentes esenciales.

La presencia de posibles rasgos del Trastorno Obsesivo-Compulsivo (TOC) en Nikola Tesla puede ofrecer algunas perspectivas interesantes sobre su enfoque hacia la productividad. Aunque el TOC es un trastorno mental que puede generar dificultades en la vida cotidiana, en el caso de Tesla, también se pueden identificar ciertos aspectos que podrían haber contribuido a su enfoque obsesivo en sus proyectos. Su persistencia y dedicación incansable le permitieron llevar a cabo numerosos descubrimientos y avances en el campo de la electrónica y la energía.

La obsesión de Tesla por el número 3 (se dice que Tesla necesitaba usar 18 servilletas -número divisible por 3- para limpiar sus cubiertos y vasos, que se lavaba las manos tres veces seguidas y que repetía ciertos movimientos o acciones tres veces), y **sus hábitos compulsivos pueden ofrecer una perspectiva sobre su disciplina y atención al detalle**. Estas características son valiosas en términos de productividad, y que la atención meticulosa a los detalles puede llevar resultados de alta calidad y eficiencia en el trabajo.

Es importante destacar que el TOC es un trastorno complejo que puede afectar negativamente la calidad de vida de las personas que lo padecen. No se puede afirmar que el TOC en sí mismo sea un factor positivo para la productividad en todos los casos. Cada persona es única y las características de su trastorno pueden manifestarse de diferentes maneras. En el caso específico de Tesla, su genialidad, dedicación, obsesión por los detalles y la atención meticulosa a sus proyectos fueron factores que lo llevaron a alcanzar logros significativos en su carrera.

Otro de sus hábitos particulares fue decisión de llevar una vida de castidad, renunciando a relaciones amorosas para poder enfocarse completamente en sus inventos y estudios científicos. Esta elección reflejaba su dedicación y pasión inquebrantables por la ciencia y su trabajo.

También realizaba un curioso hábito antes de acostarse: doblaba los dedos de los pies 100 veces en cada pie. Según él, esta práctica ayudaba a estimular las células de su cerebro y contribuía a su crecimiento intelectual. Aunque no hay evidencia científica que respalde esta creencia, refleja su enfoque en el desarrollo personal y su búsqueda constante de conocimiento y sabiduría a través de un sistema.

Otro dato curioso del inventor es que despreciaba las piezas ornamentales y nunca poseyó ninguna. Las consideraba más como una carga o una distracción que como objetos de valor. Específicamente, tenía una gran aversión por las perlas y llegaba incluso a negarse a entablar conversaciones con mujeres que las llevaban puestas. Este peculiar rechazo hacia las joyas podría relacionarse con su estilo de vida minimalista y su enfoque en la simplicidad.

Nikola Tesla tenía una serie de hábitos que consideraba fundamentales para mantener su salud y aumentar su productividad. Por ejemplo, **era un apasionado caminante y dedicaba gran parte de su día a recorrer largas distancias a pie**. Caminaba aproximadamente 15 kilómetros diarios y prefería evitar el uso de automóviles u otros medios de transporte. En una entrevista, mencionó que nunca tomaba un taxi cuando tenía tiempo para usar sus piernas. Este hábito de caminar le permitía estar en movimiento, mantener su mente activa y disfrutar de la naturaleza.

También seguía una dieta frugal y vegetariana. Solía hacer solo dos comidas al día y eliminaba alimentos que producían ácidos en el organismo. Daba gran importancia a consumir verduras frescas. A través de esta alimentación, buscaba mantener su cuerpo sano y equilibrado. Estaba muy consciente de que cuerpo sano proporciona la energía, la claridad mental y el equilibrio emocional necesarios para pensar con mayor agudeza y trabajar de manera más eficiente.

A diferencia de la mayoría de las personas, Tesla afirmaba que solo necesitaba unas pocas horas de sueño para recuperarse y estar lleno de energía. **Se dice que dormía solamente 2 a 3 horas cada noche**. Esta característica le permitía tener más tiempo disponible para trabajar en sus proyectos y dedicarse a su investigación científica. Aunque este patrón de sueño es atípico en comparación con la mayoría de las personas, Tesla encontró una forma de adaptarse y aprovechar al máximo sus horas de vigilia.

El caso de Nikola Tesla es un ejemplo destacado de cómo el éxito y el reconocimiento pueden no estar directamente relacionados con la riqueza material. A pesar de sus numerosos logros y contribuciones a la ciencia y la tecnología, Tesla no pudo capitalizar adecuadamente sus invenciones y enfrentó dificultades financieras en su vida.

A diferencia de algunos de sus contemporáneos, como Thomas Edison, no tuvo un enfoque empresarial sólido ni la capacidad de negociación necesaria para comercializar eficazmente sus inventos. **Aunque poseía una mente brillante y visionaria, careció de la misma habilidad para convertir sus ideas en productos comerciales rentables**. Su enfoque principal era el avance científico y la promoción de su visión de un mundo mejor a través de la electricidad.

A pesar de su falta de éxito financiero en vida, el legado de Tesla ha perdurado hasta la actualidad. Muchas de sus ideas y descubrimientos sentaron las bases para avances futuros en campos como la electricidad, la ingeniería y las comunicaciones. Sus contribuciones en los ámbitos de la corriente alternan, y en la transmisión inalámbrica de energía son fundamentales en el mundo moderno.

JEFF BEZOS, EL CONSUMIDOR SIEMPRE PRIMERO

El empresario tecnológico, ingeniero, astronauta y fundador de Amazon, Jeff Bezos, se ha consolidado como una de las personas más ricas del mundo. A los 35 años, logró alcanzar el estatus de multimillonario gracias al éxito de su empresa, convirtiéndose en un referente del emprendimiento y la innovación. Su fortuna actual alcanza la cifra de varios miles de millones de dólares, lo que lo posiciona como una de las figuras más influyentes y poderosas del ámbito empresarial a nivel global. Su visión audaz, enfoque en la calidad del servicio al cliente y capacidad para liderar y transformar industrias le han permitido construir un imperio empresarial sin precedentes.

Además de su exitoso emprendimiento en Amazon, Jeffrey Bezos ha llevado su visión más allá de la Tierra con la fundación de Blue Origin, un fabricante aeroespacial que se dedica al desarrollo de tecnologías para ofrecer viajes espaciales. Con Blue Origin, Bezos ha invertido en la exploración y colonización del espacio, buscando abrir nuevas fronteras y hacer que el acceso al espacio sea más accesible para la humanidad. Su enfoque en la innovación y su pasión por la exploración espacial han llevado a la empresa a lograr hitos significativos en la industria aeroespacial y a inspirar a nuevas generaciones de emprendedores y científicos a perseguir sus sueños más allá de los límites terrestres.

Desde temprana edad, Jeffrey Bezos demostró una notable capacidad para ser productivo y enfocarse en la consecución de sus metas. Su determinación y disciplina han sido pilares fundamentales en su camino hacia el éxito. En su carrera profesional, ha sido reconocido por su capacidad para generar ideas innovadoras y llevarlas a cabo de manera eficiente.

Uno de los hábitos clave de Jeff Bezos para mantener su productividad es **acostarse temprano y asegurarse de obtener ocho horas de sueño cada noche**. Aunque pueda parecer contradictorio en un mundo donde se valora la "cultura de la falta de sueño" en el ámbito empresarial, Bezos reconoce la importancia de descansar adecuadamente para mantener un rendimiento óptimo.

Al priorizar el sueño, Bezos afirma que puede pensar con mayor claridad, tener más energía y un mejor humor, lo que le permite abordar los desafíos del día con una mentalidad más fresca y enfocada. Este enfoque en el descanso adecuado es respaldado por numerosos estudios que demuestran los beneficios del sueño para la cognición, la creatividad y el bienestar en general.

Además, Bezos aprovecha las mañanas para establecer rutinas beneficiosas. En lugar de sumergirse de inmediato en su trabajo, **dedica tiempo a actividades que le brindan placer y equilibrio**. Esto incluye leer el periódico, tomar café y compartir el desayuno con sus hijos. Estas rutinas matutinas le permiten comenzar el día de manera más relajada y conectada con su entorno personal, lo cual puede tener un impacto positivo en su estado de ánimo y su enfoque durante el resto del día.

Otro de sus hábitos es **evitar programar reuniones en la tarde** y preferir agendarlas entre las 10 de la mañana y las 12 del mediodía. Bezos considera que su mente está más fresca y despejada durante las primeras horas de la jornada de trabajo, lo que le permite tomar mejores decisiones debido a que en ese rango de horario su capacidad de concentración es óptima.

Él defiende que las reuniones con menos participantes son más eficientes, ya que se evita el exceso de opiniones de relleno y se fomenta una comunicación más efectiva. Para determinar el tamaño adecuado de un equipo en una junta, Bezos sigue **la regla de las dos pizzas**, es decir, si puede alimentar a todo el grupo con dos pizzas, entonces se considera que tiene a las personas necesarias para la reunión, de lo contrario es que algunos asistentes sobran.

Bezos también ha adoptado una postura enérgica respecto al uso de diapositivas de PowerPoint en las reuniones. Él considera que estos recursos suelen ser una pérdida de tiempo, rebosantes de interminables láminas que no comunican una narrativa clara. En cambio, prefiere utilizar memorandos de pocas páginas estructurados de forma narrativa. Estos documentos permiten una exposición más concisa y efectiva de ideas y preparan el terreno para un debate de alta calidad durante las reuniones.

Además, **ha establecido una regla personal de no tomar decisiones importantes después de las 5 de la tarde**. Si no ha llegado a una conclusión sobre un asunto para ese momento, prefiere posponer la decisión hasta la mañana del día siguiente. Esta práctica le permite abordar las decisiones con una mente fresca y asegurarse de que sus elecciones sean sabias y bien fundamentadas.

La atención de Jeff Bezos a las quejas de los clientes no solo demuestra su compromiso con la satisfacción del cliente, sino que también refuerza **la cultura empresarial de Amazon de poner al cliente en primer lugar**. Esta política se basa en la premisa de que la satisfacción total del cliente es fundamental para el éxito a largo plazo de cualquier empresa.

Su disposición para aprender de los errores y utilizar la retroalimentación de los clientes para impulsar el crecimiento es un indicativo de su mentalidad emprendedora. Al escuchar las voces de los consumidores, Bezos y su equipo pueden tomar decisiones informadas, implementar cambios efectivos y mantener la posición de Amazon como líder en el comercio electrónico.

Bezos incluye en su rutina diaria una práctica que puede considerarse peculiar para figura destacada en el mundo empresarial: su costumbre de lavar los platos después de la cena.

Durante el proceso de lavado de platos, la atención se centra en detalles sensoriales como la calidez del agua, el tacto de los platos y el olor a jabón. Estos estímulos pueden ayudar a calmar la mente y fomentar la concentración en el momento presente. Al practicar esta actividad de forma consciente, Bezos podría **encontrar un espacio para relajarse y desconectar del ajetreo de su vida empresarial**. Otro magnate de la tecnología, Bill Gates comparte la misma costumbre.

De Bezos, también se destaca su pertenencia al club The Explorers, una organización privada que promueve la investigación científica y la exploración de diversos campos. Este club es conocido por sus cenas anuales que presentan platos exóticos y fuera de lo común. En estas ocasiones, los miembros del club, incluyendo a Bezos, han tenido la oportunidad de degustar alimentos como gusanos, iguanas, ojos de cabra, tarántulas y lagartos enteros cocidos. Estas experiencias inusuales reflejan **el espíritu aventurero y la curiosidad de Bezos**, quien busca explorar nuevos horizontes tanto en el mundo empresarial como en su vida personal.

MAYA ANGELOU,
HAZ LO QUE TE GUSTA

Maya Angelou fue una figura multifacética que destacó como novelista, activista, poeta, actriz, cantante, guionista y directora de cine norteamericana. Su impacto y reconocimiento trascendieron fronteras.

En 2010, el expresidente Barack Obama le otorgó la Medalla Presidencial de la Libertad, el más alto reconocimiento civil en Estados Unidos. Además, Angelou fue nominada al premio Pulitzer, recibió tres nominaciones a los premios Grammy y obtuvo numerosos títulos honoríficos. Su legado literario incluye más de 30 *best sellers* que han cautivado a lectores de todo el mundo.

Su influencia no se limitó a la escritura. Maya Angelou también hizo historia en otros ámbitos. Fue **la primera mujer afroamericana en ser representada en una moneda en Estados Unidos**, un testimonio de su impacto duradero en la

cultura y la historia del país. Asimismo, se convirtió en l[a]
primera persona en escribir y recitar un poema en un[a]
ceremonia de inauguración presidencial, cuando recitó uno d[e]
sus famosos poemas en la toma de posesión del presidente Bi[ll]
Clinton en 1993.

A lo largo de su carrera, Angelou abordó en sus obras l[a]
problemática del racismo, al tiempo que transmitía mensaje[s]
de resiliencia, perseverancia, amor propio y valentía. S[u]
capacidad para combinar la denuncia social con la exaltació[n]
de valores universales la convierte en una voz inspiradora [y]
perdurable en la literatura y el activismo.

Tenía hábitos de productividad muy particulares que l[a]
ayudaban a enfocarse en su escritura. Por ejemplo, **utilizaba**
habitaciones de hotel como su despacho. Las alquilaba en
su ciudad, Carolina del Norte, y las pagaba por meses. Eran
lugares anónimos y muy frugales, con nada de decoración que
significar distracción visual. Este enfoque minimalista le
permitía centrarse en sus ideas y plasmarlas en papel sin
interrupciones ni influencias externas.

Allí, Maya solamente se permitía tener unos pocos elementos
que consideraba fundamentales para despertar su creatividad y
fomentar la fluidez de sus ideas. Estos objetos eran un

diccionario, un juego de cartas, una biblia y una botella de jerez. Si bien pueden parecer elementos aparentemente dispares, cada uno tenía su propósito y contribuía a su productividad.

El diccionario, como herramienta lingüística para encontrar las expresiones exactas y enriquecer su escritura. El juego de cartas representaba una forma de despejar su mente y estimular la creatividad a través del entretenimiento y la distracción momentánea. La biblia, un libro de profundo significado para Angelou, le brindaba inspiración espiritual y una conexión con sus creencias personales, lo que alimentaba su perspectiva artística.

La presencia de una botella de jerez en su habitación puede parecer peculiar, pero para Angelou tenía un propósito particular. El jerez, un vino fortificado, le proporcionaba un momento de relajación y placer, lo que le permitía desinhibirse y entrar en un estado mental propicio para la creatividad. Para algunos artistas, una copa de vino (en algunos casos mucho más que eso) puede funcionar como un estimulante para liberar la mente y fomentar la inspiración.

Al finalizar su jornada como escritora revisaba ese mismo día todo lo que había escrito. Y después de la cena, compartía su trabajo con su esposo antes de retirarse a descansar. El proceso de revisión era fundamental para Angelou. Le permitía analizar detenidamente su trabajo, evaluar su fluidez, coherencia y expresión. Al leer en voz alta, podía percibir el ritmo y la cadencia de sus palabras, asegurándose de que transmitieran la intención y la emoción deseadas. Además, compartir su trabajo con su esposo no solo le brindaba una perspectiva externa valiosa, sino que también fortalecía el vínculo entre ambos, compartiendo el fruto de su dedicación.

Esta práctica le permitía cerrar el ciclo creativo del día, confiando en que había dado lo mejor de sí misma y que al día siguiente podría retomar su labor con renovadas energías.

Maya Angelou compartía una visión única sobre el éxito y la realización personal. Una de sus frases más inspiradoras resume su perspectiva. "Sólo se puede llegar a ser verdaderamente exitoso en algo que te gusta". Para Angelou, **el éxito no se mide simplemente en términos de riqueza material o reconocimiento externo**, sino en la satisfacción intrínseca que proviene de perseguir aquello que realmente disfrutamos y hacerlo excepcionalmente bien.

En lugar de enfocarse únicamente en el dinero o en la aprobación de los demás, Angelou alentaba a las personas a buscar aquellas actividades y pasiones que les apasionaran genuinamente. Creía en la importancia de seguir los propios intereses y talentos innatos, y en dedicarse a ellos con un compromiso inquebrantable. Para ella, **el verdadero éxito radicaba en hacer lo que amamos y hacerlo de tal manera que capturara la atención y produjera admiración de los demás**.

Cuando nos dedicamos a lo que nos gusta, encontramos una fuente inagotable de motivación y energía, estamos dispuestos a invertir tiempo, esfuerzo y perseverancia, lo que nos permite desarrollar habilidades y conocimientos profundos en nuestro campo de interés. Al hacerlo, nos volvemos expertos en nuestro ámbito y nos destacamos por la calidad y el impacto de nuestro trabajo.

Su conocida frase "No puedes agotar la creatividad. Cuanto más se usa, más se tiene" encapsula la mentalidad de Maya Angelou en relación a la productividad y la creatividad. Ella entendía que la creatividad es una fuente inagotable de ideas, expresión y soluciones innovadoras. A diferencia de otros recursos que pueden disminuir con el uso, como el tiempo o la energía, **la creatividad es una cualidad que se renueva y se enriquece cuando se pone en práctica**.

Esta mentalidad tiene importantes implicaciones para la productividad personal. En lugar de preocuparse por "agotar" la creatividad, Angelou nos invita a adoptar **una actitud de confianza y apertura hacia nuestro potencial creativo**.

La filosofía de Angelou nos invita a reflexionar sobre nuestras propias pasiones y aspiraciones. Nos alienta a seguir nuestros corazones y a perseguir lo que realmente nos llena de alegría y propósito. Al hacerlo, no solo nos abrimos a una mayor satisfacción personal, sino que también inspiramos a otros a seguir su propio camino hacia el éxito y la realización.

MARCOS EDUARDO GALPERIN, PROSPERAR EN LA INCERTIDUMBRE

Marcos Galperin es ampliamente reconocido como uno de los principales empresarios y emprendedores de América Latina. Como cofundador y principal accionista de Mercado Libre, la compañía más valiosa de Argentina, ha logrado posicionarla como una potencia en el mercado latinoamericano.

Mercado Libre, fundada en 1999, ha revolucionado el comercio electrónico en la región y se ha convertido en una de las principales plataformas de compras en línea en América Latina. Su éxito ha llevado a que la empresa sea catalogada como una de las "unicornios", un término utilizado para describir a las compañías con una valoración de mercado superior a los mil millones de dólares.

La visión estratégica y el liderazgo de Galperin han sido fundamentales para el crecimiento y el éxito de su empresa. Bajo su dirección, la compañía ha expandido su presencia en varios países de la región, ofreciendo a millones de personas acceso a una amplia gama de productos y servicios a través de su plataforma en línea. Su visión innovadora y su enfoque en la tecnología han sido clave para el crecimiento sostenido de Mercado Libre y su capacidad para competir con gigantes internacionales como Amazon en el mercado latinoamericano.

Con su destacada trayectoria empresarial y el éxito de Mercado Libre, Marcos Galperin se ha convertido en un referente para los emprendedores de América Latina y ha dejado una huella significativa en el ecosistema empresarial de la región. Su liderazgo y visión continúan siendo una inspiración para aquellos que buscan crear y desarrollar empresas exitosas en la industria tecnológica y el comercio electrónico.

A pesar de los desafíos y obstáculos que enfrentó en los primeros años de Mercado Libre, Marcos Galperin demostró una **gran determinación y resiliencia en su búsqueda del éxito**. El hecho de que la empresa tardara siete años en generar rentabilidad y la preocupación constante por pagar los salarios de sus empleados crearon una gran presión y angustia en el emprendedor.

En **momentos de incertidumbre**, Galperin enfrentaba el dilema de levantarse de la cama y hacer frente a los desafíos que se presentaban cada día. Aunque sentía la preocupación de no poder cumplir con las expectativas de su equipo y temía que la empresa no prosperara, encontró una clave importante para seguir adelante.

Una de las estrategias utilizadas por Galperin fue poner en perspectiva su situación. Reconoció que, a pesar de los desafíos que enfrentaba, había personas en el mundo que estaban lidiando con problemas mucho más graves. Este cambio de enfoque le permitía ganar una nueva perspectiva y recordar que, en comparación con otros, tenía recursos y oportunidades para superar las dificultades.

Esta **mentalidad de gratitud y reconocimiento** de los desafíos de otros le dio fuerzas para enfrentar los obstáculos con determinación. Gracias a la paciencia y a su convencimiento de que el comercio electrónico y la tecnología iban a revolucionar la forma en que las personas compran y venden productos, el empresario supo aprovechar las oportunidades y los desafíos que surgieron en el camino.

Uno de los hábitos de productividad más peculiar de Marcos Galperin es su práctica de **tener una libreta en su mesa de noche**. Según ha mencionado en diversas entrevistas, es durante las primeras horas de la mañana, alrededor de las cinco de la mañana, cuando su mente está en ese estado entre el sueño y la vigilia, que las mejores ideas parecen iluminarlo. **En ese momento su pensamiento es más claro y creativo, y se ha dado cuenta de que es crucial capturar esas ideas de inmediato**.

Al tener un anotador a su alcance, Galperin puede registrar rápidamente las ideas y pensamientos que surgen durante esos **momentos de lucidez matutina**. Esta práctica le permite capturar y preservar las ideas valiosas que han contribuido al crecimiento y éxito de Mercado Libre.

Galperin también ha enfatizado la relevancia del ejercicio físico en su día a día. Considera que el ejercicio no solo es beneficioso para mantener su salud en buen estado, sino que también desempeña un papel fundamental en su claridad mental y creatividad.

Al dedicar tiempo regularmente a actividades físicas, experimenta los efectos positivos del ejercicio en su bienestar general. La práctica del ejercicio le brinda la oportunidad de desconectar de las demandas del trabajo y enfocarse en su cuerpo y su salud, lo que a su vez estimula su creatividad y capacidad de generar ideas innovadoras.

A pesar de enfrentar un entorno económico y político inestable en su región, Marcos Galperin ha demostrado una notable tenacidad para **prosperar en medio de la incertidumbre**. Su enfoque no se centra tanto en el resultado final o en los posibles contratiempos, sino en su profundo amor por lo que hace. En tono jocoso, ha mencionado que la ingenuidad de los emprendedores latinoamericanos ante los desafíos del panorama regional a menudo agrega una bocanada de aire fresco. Existe una gran cantidad de personas que están llevando a cabo proyectos sin caer en la desesperanza. Afrontar la sombra del fracaso después de haber arriesgado todo no siempre es un proceso placentero. Galperin cree firmemente que **las sociedades más tolerantes al fracaso son las que generan un mayor número de emprendedores**. Según sus palabras: "En una sociedad, cuanto más se tolere el fracaso de aquellos que han dado todo por una idea, se generarán más emprendedores".

Una de sus frases más destacadas es: "El emprendedor exitoso tiene que asumir que en algún momento se vuelve empresario". Con esta afirmación, Galperin subraya la importancia de comprender que el proceso de emprender y construir un negocio exitoso implica una evolución natural hacia una posición de liderazgo y gestión empresarial.

Para él, el emprendimiento no es solo una etapa inicial de arriesgar y materializar ideas innovadoras, sino que implica asumir responsabilidades más amplias y consolidar una estructura empresarial sólida. El emprendedor exitoso debe estar dispuesto a adaptarse a los cambios, aprender a delegar tareas y tomar decisiones estratégicas que promuevan el crecimiento sostenible de su empresa.

CARLOS SLIM, MÁS PRODUCTIVIDAD EN MENOS TIEMPO

Empresario mexicano, considerado uno de los hombres más ricos del mundo. Es conocido por ser el presidente y accionista mayoritario de Grupo Carso, un conglomerado empresarial que abarca una amplia gama de sectores, incluyendo telecomunicaciones, comercio minorista, construcción, energía, industria y finanzas.

Carlos Slim es reconocido por su éxito en el sector de las telecomunicaciones, siendo el principal propietario de América Móvil, una de las empresas de telecomunicaciones más grandes de América Latina y del mundo. Además, tiene participaciones en otras empresas importantes como Telmex, Telcel, Grupo Sanborns, Inbursa y Grupo Financiero Banorte, entre otras.

A lo largo de su carrera, Carlos Slim ha sido reconocido por **su habilidad para identificar oportunidades de inversión** y su enfoque en el crecimiento a largo plazo. Ha destacado por su estrategia de adquisiciones, diversificación y expansión internacional.

Además de su éxito empresarial, ha sido reconocido por su labor filantrópica. A través de la Fundación Carlos Slim, ha destinado una parte significativa de su fortuna a proyectos sociales, enfocados principalmente en educación, salud, empleo y desarrollo comunitario en México y otros países.

Una parte fundamental de su estrategia de éxito ha sido su enfoque en la gestión empresarial con **niveles de jerarquía reducidos**. Él ha implementado una estructura organizativa flexible que permite tomar decisiones operativas de manera eficiente. Slim ha destacado **la importancia de operar con las ventajas de una empresa pequeña**, ya que son precisamente estas características las que permiten el crecimiento y el éxito de las grandes empresas.

Al reducir la burocracia y promover una cultura de toma de decisiones ágil, Slim ha fomentado la autonomía, la responsabilidad en todos los niveles de su organización.

Otra de las estrategias clave de Carlos Slim es **ser austero incluso en momentos de éxito y bonanza económica**. Él cree que esta actitud ayuda a fortalecer, hacer crecer y acelerar el desarrollo de la empresa. Además, al mantener la austeridad, se evitan ajustes drásticos y dolorosos durante épocas de crisis.

Aplica el hábito de frugalidad incluso a nivel personal. A pesar de estar entre las personas más ricas del planeta, no es alguien que ostente su riqueza de manera extravagante. Se caracteriza por llevar un estilo de vida sobrio y discreto, evitando gastos innecesarios y lujos superfluos. No se involucra en ostentaciones ni derroches, prefiriendo vivir de manera sencilla y enfocarse en el crecimiento y desarrollo de sus proyectos empresariales.

Esta actitud de frugalidad se alinea con su visión de fortalecer y capitalizar el desarrollo de sus empresas. En lugar de gastar excesivamente en bienes materiales o exhibiciones de riqueza, Slim prefiere **canalizar sus recursos hacia la reinversión en sus negocios** y la generación de nuevas oportunidades económicas.

Como dato curioso, el empresario conserva su primera libreta de finanzas, la cual comenzó a llevar a los doce años de edad. En este cuaderno registraba meticulosamente sus gastos y ganancias, demostrando desde temprana edad su interés por la gestión financiera y el control de sus recursos.

Dentro de su rutina diaria, Carlos Slim ha incorporado hábitos productivos que le permiten mantener un equilibrio entre su vida profesional y personal. Durante su jornada laboral, aprovecha el tiempo de la comida **para compartir con familiares o amigos**. Estos momentos de convivencia no solo le brindan la oportunidad de disfrutar de la compañía de sus seres queridos, sino que también fomentan relaciones cercanas y fortalecen los lazos familiares y amistosos.

Además, todos los lunes, tiene la tradición de cenar en su casa, donde se reúne con sus hijos para hablar de negocios. Estas reuniones familiares no solo son momentos para discutir asuntos empresariales, sino también para mantener una conexión estrecha entre la familia y el ámbito empresarial.

Carlos Slim ha manifestado su filosofía de trabajo al afirmar que **ninguna actividad debería requerir más de 15 horas semanales**. Esta perspectiva resalta la importancia de la eficiencia y la gestión del tiempo, permitiendo un **equilibrio adecuado entre el trabajo y la vida privada**. De hecho, en varias ocasiones Slim ha propuesto una jornada de trabajo de tres días a la semana, aunque prolongando la edad de jubilación.

Entre sus hábitos también se destaca la práctica de tomar **una breve siesta al mediodía**. El empresario reconoce la importancia de descansar durante el día para mantener un nivel óptimo de energía y productividad.

La siesta, conocida también como *power nap*, es una práctica común en diferentes culturas y ha sido reconocida por sus beneficios para la salud y el rendimiento cognitivo. Para Slim, esta reponedora siesta al mediodía puede ser un momento de descanso y relajación, permitiéndole recargar energías para afrontar la segunda mitad del día con mayor vitalidad y claridad mental.

La práctica de tomar una siesta también se ha asociado con una mayor productividad y creatividad. Al descansar y desconectar brevemente del trabajo, se puede promover la renovación mental y el flujo de ideas frescas. Además, la siesta puede ayudar a reducir el estrés y mejorar el estado de ánimo, lo que a su vez contribuye a un mayor rendimiento y bienestar en general.

DANNY DEVITO, SALTAR EN TRAMPLOLÍN

Actor, director cinematográfico, productor, guionista, comediante, más conocido como Danny DeVito. Cuenta con una destacada trayectoria en la industria del cine. Durante los años noventa, interpretó varios personajes icónicos que dejaron una huella en el público a nivel internacional. Entre ellos se encuentran el Pingüino en la película *Batman Returns*, y el perverso Harry de *Matilda*. Estos personajes han perdurado en la memoria colectiva y son recordados como representaciones memorables en su carrera.

Danny DeVito tiene un hábito inusual pero efectivo que lo ayuda en su trabajo como actor: **saltar en trampolín**. Él es apasionado de esta actividad y siempre asegura tener un trampolín en su camerino. Saltar en trampolín le brinda varios beneficios, ya que le ayuda a concentrarse, relajarse y prepararse antes de una escena o película. DeVito ha compartido en entrevistas que su rutina previa a filmar incluye saltar en el trampolín, maquillarse y luego seguir saltando un poco más antes de vestirse.

No solo se limita a utilizar el trampolín en su lugar de trabajo, sino que también tiene uno en su casa. Para él, saltar en trampolín es parte de su rutina de calentamiento y ejercicio cardiovascular de alta intensidad, pero de bajo impacto. Reconoce los beneficios físicos y mentales que obtiene al practicar esta actividad, que le brinda energía y prepara su cuerpo para las demandas de la actuación.

También tiene otra rutina de entrenamiento que utiliza para trabajar su equilibrio. Consiste en **pararse frente a un espejo sobre un pie mientras se cepilla los dientes durante dos minutos**. Esta práctica la realiza dos o tres veces al día.

El comediante explica que, al realizar esta actividad, se desafía a sí mismo y trabaja en mejorar su equilibrio y estabilidad. Al mantenerse en un solo pie, se requiere un esfuerzo adicional para mantenerse firme y realizar el cepillado correctamente. Además, Danny aprovecha este momento para utilizar hilo dental, lo que añade un nivel de dificultad adicional a su rutina.

A través de estos pequeños y pintorescos desafíos diarios, el comediante demuestra que la constancia y la disciplina pueden estar presentes incluso en las actividades cotidianas más simples.

Su versatilidad como artista y su capacidad para triunfar se basan en varios factores, entre ellos su **fuerte carácter y creencia en sí mismo**. A pesar de enfrentar desafíos físicos debido a una condición genética poco común que afecta su crecimiento óseo, como la displasia epifisaria múltiple, Danny nunca permitió que esto lo limitara o lo acomplejara. A pesar de sus escasos 1,47 cm de estatura, el actor rompió los estereotipos y se convirtió en un actor icónico que conquistó las taquillas.

Su éxito es testimonio inspirador de cómo la perseverancia y la fe en uno mismo pueden superar cualquier obstáculo. La historia de Danny DeVito nos enseña **la importancia de creer en nosotros mismos, independientemente de las circunstancias o desafíos que enfrentemos**. Su determinación y pasión por su arte le llevaron a alcanzar el reconocimiento y el éxito en la industria del entretenimiento, y su legado perdurará como una fuente de inspiración para aquellos que enfrentan obstáculos en su camino hacia el triunfo.

BILL GATES, PROCRASTINADOR RECUPERADO

Reconocido mundialmente como uno de los hombres más ricos y exitosos, Bill Gates ha dejado un legado impresionante en la industria de la tecnología. Como empresario, inversor y desarrollador de software, es ampliamente conocido por ser el cofundador de Microsoft, una de las compañías más influyentes en el ámbito tecnológico.

A una edad temprana, demostró su talento y visión emprendedora al crear el sistema operativo MS-DOS en 1981, que fue un gran avance en la industria de la computación en ese momento hasta establecerse como un nuevo estándar en el mundo de los sistemas operativos. Desde entonces, Windows ha seguido evolucionando y adaptándose a las demandas tecnológicas, convirtiéndose en una de las plataformas más utilizadas a nivel mundial.

La contribución de Gates al desarrollo de software y a la industria tecnológica ha sido fundamental para el avance de la sociedad. Su visión y liderazgo han llevado a Microsoft a convertirse en una de las empresas más valiosas y exitosas del mundo. Además de su éxito empresarial, Gates ha sido un destacado filántropo, dedicando gran parte de su fortuna y esfuerzos a causas humanitarias a través de la Fundación Bill y Melinda Gates.

Durante sus estudios en una escuela pública tendría el primer contacto con una computadora. Allí, a los 14 años de edad conocería a Paul Allen, su gran amigo y socio. Tiempo después Bill Gates fue aceptado en Harvard donde creó su empresa de software llamada Microsoft. Un año más tarde decidió abandonar la universidad para dedicarse por tiempo completo a su empresa.

Uno de sus hábitos relacionados con la productividad es mecer su silla mientras está inmerso en la reflexión y el pensamiento profundo. Según sus propias palabras, este movimiento rítmico le ayuda a clarificar sus ideas y a pensar de manera más efectiva. El movimiento suave pero constante crea un ambiente propicio para la concentración y la generación de ideas innovadoras.

Al igual que Jeff Bezos, Gates realiza labores hogareñas como lavar los platos cada noche. Este tipo de tareas mecánicas pueden ser consideradas como momentos de autocuidado y autorreflexión. Permiten desconectar de las exigencias del trabajo y brindan una oportunidad para estar en contacto con nuestras propias emociones y pensamientos.

Gates **ha sido un ávido lector desde su infancia**. Incluso durante sus vacaciones, dedica alrededor de tres horas al día a leer un libro. Esta práctica le permite absorber conocimientos y expandir su perspectiva. Además, **Gates escribe sobre lo que lee, lo que le ayuda a retener conceptos clave y profundizar en su comprensión**.

Para enfrentar el comienzo de la semana, ha adoptado una estrategia que consiste en **desconectarse de su papel como empresario durante los fines de semana**. Durante este tiempo, busca mantener una rutina tranquila y relajante, alejada de las demandas y presiones del trabajo.

Una de las actividades que disfruta durante los fines de semana es observar a su hija montar a caballo. Este momento le brinda la oportunidad de estar presente en la vida de su familia y conectarse con la naturaleza. Además, también dedica tiempo a practicar un juego de cartas llamado bridge, el cual le brinda

entretenimiento y estimula su mente. Al optar por esta rutin
tranquila los fines de semana, Bill Gates busca recarga
energías, despejar su mente y encontrar un equilibrio entre l
vida privada y la pública

Asimismo, ha adoptado un código de vestimenta que
contribuye a su productividad y comodidad en su vida diaria
A diferencia de lo que se podría esperar de alguien con su
riqueza, Gates es conocido por su estilo sencillo y por preferir
relojes accesibles en lugar de piezas de lujo. Esta elección de
vestuario también es compartida por otros millonarios
exitosos, como Mark Zuckerberg.

Gates ha desarrollado un clóset cápsula, compuesto por
prendas básicas en diferentes colores y solo algunas piezas
distintivas, como chaquetas o un abrigo de invierno. Esta
selección limitada de prendas le permite reducir el estrés y el
tiempo que dedica cada mañana a decidir qué ponerse, ya que
sabe que todo en su clóset funciona y combina entre sí.

Además de la practicidad, la elección de su vestimenta
también tiene un propósito psicológico, pues la forma en
que nos vestimos puede influir en cómo los demás nos
perciben y nos relacionamos con ellos. Para Gates, su
vestimenta refleja una imagen coherente con su visión y

personalidad, lo que le permite conectarse de manera efectiva con los demás y ser considerado como un líder sólido con el que es fácil establecer relaciones profesionales.

Bill Gates ha compartido abiertamente su experiencia personal de haber cultivado en el pasado el mal hábito de la procrastinación. **Durante sus años de universidad, solía posponer sus tareas y estudios hasta el último minuto**. A medida que Bill Gates comenzó a involucrarse en el mundo de los negocios, se dio cuenta de que la procrastinación no era una práctica beneficiosa para su desempeño y éxito empresarial. Si bien en el ámbito académico podía obtener resultados satisfactorios incluso llevando al límite las cosas, entendió que en el mundo empresarial las consecuencias podrían ser más graves y perjudicar a muchas personas.

Hay que agregar que procrastinación en sí misma no es necesariamente mala, ya que puede permitirnos tomar descansos necesarios o reflexionar sobre nuestras ideas. Sin embargo, cuando se convierte en un hábito que nos lleva a acumular trabajo y enfrentar fechas límite apremiantes, puede ser perjudicial para nuestra productividad y bienestar.

Al parecer, a Gates le costó un par de años dejar este hábito, para lo cual tuvo que desarrollar métodos y sistemas para gestionar su tiempo de manera eficiente, estableciendo prioridades claras y asignando tiempo específico para cada tarea.

DAN BROWN,
EL CÓDIGO DE LA PRODUCTIVIDAD

Daniel James Brown, reconocido escritor estadounidense, ha ganado numerosos premios y es especialmente conocido por ser el autor de la exitosa novela *El Código Da Vinci*. Su fascinación por los códigos ocultos y las sociedades secretas se remonta a su infancia, influida en gran medida por su padre, un profesor de matemáticas, y su madre, una compositora de música sacra.

El ambiente en el que creció, con un padre que despertó en él el interés por los enigmas y un amor por las ciencias, y una madre profundamente religiosa, lo llevó a explorar la intersección entre la religión y la ciencia. Este conflicto entre ambos conceptos se refleja en muchas de sus obras, que están inspiradas en la búsqueda de la verdad, los misterios ocultos y las conspiraciones relacionadas con estas temáticas.

A lo largo de su carrera, Dan Brown ha sido reconocido por su habilidad para mezclar elementos de suspenso, historia, simbología y misterio en sus historias, lo que le ha valido un gran número de seguidores en todo el mundo. Sus novelas no solo entretienen al lector, sino que también plantean cuestionamientos profundos sobre la relación entre la ciencia, la religión y la existencia humana.

Con su estilo narrativo intrigante y su capacidad para explorar temas complejos de una manera accesible, Dan Brown ha dejado una huella significativa en el género del thriller y ha capturado la imaginación de millones de lectores con sus historias envolventes y llenas de intriga.

El reconocido escritor, tiene una costumbre bastante peculiar que utiliza para estimular su productividad y liberar su mente cuando se encuentra inmerso en ideas complejas de criptografía y simbología. Este hábito consiste en **colgarse boca abajo, como un murciélago**, utilizando un par de botas de gravedad y un marco de ejercicio especial.

Al balancearse boca abajo, Dan Brown encuentra que sus pensamientos fluyen de manera más fluida y clara. Esta postura inusual le brinda una sensación de relajación y le permite abordar sus ideas desde una perspectiva diferente. Al cambiar su posición física, logra una especie de **desbloqueo mental**, liberando las tensiones y permitiendo que las ideas se desarrollen de manera más creativa. Además de los beneficios para la mente, hay efectos positivos de esta práctica en la columna vertebral y el flujo sanguíneo. Al colgarse boca abajo, se produce una tracción suave en la columna, lo cual puede ser beneficioso para aliviar la presión y mejorar la postura.

Aunque pueda parecer un método fuera de lo común, este hábito ha demostrado ser efectivo para Dan Brown, quien ha encontrado en esta práctica una forma de despejar su mente y abordar los desafíos creativos con mayor claridad.

Otro de sus hábitos es tener un reloj de arena en su escritorio, el cual utiliza para recordarse a sí mismo la importancia de tomar descansos regulares.

Cada hora, cuando el reloj de arena se vacía por completo, Dan Brown deja de trabajar y se dedica a una rutina de ejercicios. En lugar de quedarse inmerso en su escritorio durante largas horas, él reconoce la importancia de mantener su cuerpo en movimiento y su mente fresca.

Durante estos descansos, Brown realiza una combinación de ejercicios físicos que incluyen flexiones, abdominales y estiramientos. Esta práctica no solo le brinda un respiro mental, sino que también le permite activar su cuerpo y liberar tensiones acumuladas. Además, el cambio de enfoque hacia el ejercicio físico proporciona un estímulo adicional a su creatividad y capacidad intelectual

Esta práctica recuerda ligeramente al conocido método Pomodoro, que consiste en dividir el tiempo en bloques de trabajo de 25 minutos, seguidos de pausas cortas de 5 minutos. Este enfoque se repite varias veces, con pausas más largas después de un cierto número de ciclos.

El enfoque de Dan Brown es más flexible y personalizado. **Sus pausas de trabajo pueden durar más de 5 minutos y se enfocan en actividades físicas específicas, como flexiones, abdominales y estiramientos.**

El hábito de Dan Brown de **levantarse temprano en la madrugada sin necesidad de despertador** revela su compromiso y dedicación hacia su trabajo como escritor. Este horario matutino le brinda un ambiente tranquilo y sin interrupciones, lo que le permite concentrarse plenamente en su escritura. Según Brown, el despertar temprano es un momento propicio para la creatividad. Durante la noche, nuestra mente suele explorar territorios oníricos y despierta con ideas frescas y vívidas. Para Brown, el mundo de los sueños se asemeja a la ficción, y **aprovechar ese estado de transición entre el sueño y la vigilia le brinda una perspectiva única y una fuente inagotable de inspiración**.

Al levantarse a las cuatro de la mañana, Dan Brown busca capturar esas ideas fugaces y plasmarlas en sus escritos. Este hábito le permite aprovechar la claridad mental y la tranquilidad del amanecer para dar vida a su creatividad en forma de palabras. De ahí su rutina de trabajo de extiende entre seis y nueve horas recluido en su oficina. Comenzar desde las primeras horas del día le proporciona una sensación de logro y energía positiva que impulsa su productividad durante el resto de la jornada.

Es importante destacar que cada persona tiene su propio ritmo y preferencias en cuanto a los horarios de trabajo. Lo importante es encontrar el momento del día en el que uno se sienta más inspirado y concentrado, ya sea temprano en la mañana, durante el día o incluso en la noche.

Dan Brown tiene una estrategia enérgica cuando se trata de superar el bloqueo del escritor. Él comprende que no todo lo que escriba será de calidad, pero en lugar de quedarse paralizado, toma acción. Su enfoque consiste en sentarse y comenzar a escribir, incluso si sabe que la mayoría de lo que produzca no cumplirá con sus estándares.

Esta perspectiva le permite mantenerse activo y en movimiento, en lugar de esperar a que la inspiración llegue milagrosamente. Aunque solo una de cada diez páginas que escriba sea digna de conservar, Brown entiende que es parte del proceso creativo. Al **liberarse de la presión de la perfección**, puede explorar ideas y así encontrar la chispa de inspiración que necesita para avanzar en su escritura.

ALBERT EINSTEIN, LA ECUACIÓN DE LA PRODUCTIVIDAD

Físico alemán reconocido como uno de los científicos más brillantes de todos los tiempos. Su teoría de la relatividad condujo a una de las fórmulas más famosas y destacadas: la equivalencia entre la energía cinética y la masa. Además, revolucionó nuestra comprensión del universo al proponer que este no era estático, sino que se expandía o contraía, lo que implicaba un origen y una evolución. Sus contribuciones a las leyes de la gravedad dieron una nueva perspectiva sobre el cosmos y sobre nosotros como especie.

En 1921, recibió el Premio Nobel de Física por su explicación del efecto fotoeléctrico y su destacado trabajo en la física teórica. Su genialidad y enfoque innovador dejaron un impacto duradero en la ciencia y su legado continúa inspirando a generaciones posteriores de científicos. Sus aportes abarcan numerosos campos como la cuántica, la mecánica, la cosmología, entre otros.

A lo largo de su infancia, Einstein fue considerado (comparativamente con otros niños de su edad) lento para hablar y caminar, lo que llevó a preocupaciones sobre su desarrollo cognitivo. **Se llegó a especular que tal vez nunca llegaría a hablar**. Además, en la escuela no mostraba mucho interés por las asignaturas de humanidades y enfrentó desafíos en la escritura, lo que ha llevado a algunas teorías de que podría haber tenido dislexia.

Incluso, uno de sus maestros desestimó sus capacidades, llegando a afirmar que Einstein nunca lograría nada en la vida. Por supuesto, aquel profesor no tenía idea de que el joven Einstein se convertiría en uno de los científicos más importantes del siglo XX.

Estas dificultades y críticas tempranas no detuvieron a Einstein en su búsqueda del conocimiento y su pasión por la ciencia. Su historia nos recuerda que **el éxito no está determinado por las dificultades iniciales, sino por la perseverancia y la capacidad de superar los obstáculos**.

Albert Einstein tuvo una mente tan brillante, que después de su muerte, su cerebro fue estudiado, pesado y medido por profesionales de la ciencia, arrojando como resultado que sus neuronas estaban más firmemente compactadas que lo habitual, definiendo así que tal vez esta pudo ser una de las razones por la cual Einstein podía procesar más rápido la información que otras personas.

No obstante, el éxito de Albert Einstein no se puede atribuir únicamente a cuestiones genéticas o a la estructura de su cerebro. Su brillantez y genialidad fueron el resultado de una combinación de diversos factores, incluyendo sus hábitos, su insaciable curiosidad y su dedicación al cultivo de su inteligencia.

Einstein era conocido por su incansable búsqueda de conocimiento. Tenía una sed insaciable de aprender y estaba constantemente inmerso en la exploración de nuevas ideas y conceptos. Su hábito de estudio y dedicación constante le permitió profundizar en campos como la física, las matemáticas y la filosofía, lo que contribuyó a su desarrollo intelectual excepcional. Además, cultivó la habilidad de **pensar de manera creativa y desafiar las convenciones establecidas**. Su capacidad para **cuestionar y reexaminar supuestos básicos** llevó a importantes avances en la comprensión científica y le permitió formular teorías revolucionarias, como la teoría de la relatividad. A pesar de los obstáculos y las críticas iniciales, continuó con su investigación nunca se dio por vencido.

Uno de los hábitos más curiosos de Einstein era su patrón de sueño. A diferencia de la creencia común de que los genios necesitan menos horas de sueño, **Einstein dormía alrededor de diez horas al día**. Se dice que la teoría de la relatividad se le ocurrió mientras dormía y soñaba con vacas. Además, solía tomar siestas regulares, pero de manera peculiar. Durante sus siestas, se sentaba en su sillón con una cuchara en la mano, colocando un plato de metal debajo. Cuando la cuchara se caía y golpeaba el plato, se despertaba instantáneamente, logrando siestas de solo unos segundos. Esta técnica le permitía recargar energías rápidamente y mantenerse alerta.

También es conocido su gusto por caminar largas distancias. Durante su estancia en Estados Unidos, **solía caminar hasta 5 kilómetros diarios**. Para él, caminar no solo era una forma de ejercicio, sino que también le ayudaba a estimular su memoria, fomentar la creatividad y encontrar soluciones a problemas científicos. Consideraba que el movimiento físico y la actividad mental estaban estrechamente relacionados.

En términos de vestimenta, Einstein tenía sus propias preferencias. No le gustaba usar medias porque siempre se le rompían en el dedo gordo del pie, lo cual le resultaba incómodo. Por lo tanto, decidió dejar de usarlas por completo. Además, prefería vestir de forma casual en lugar de un vestuario formal. Esta elección de vestimenta, junto con su aversión a perder tiempo pensando en qué ponerse cada día, se traducía en su característico atuendo de trajes grises. Esta simplificación de su vestimenta le permitía enfocarse en cuestiones más importantes y evitar distracciones innecesarias, tal como otras personalidades productivas.

Además de su genialidad científica, Einstein también tenía una pasión por la música. Desde una edad temprana, aprendió a tocar el violín y continuó practicándolo a lo largo de su vida. Incluso tocó en conciertos de beneficencia. La música era una forma de relajación y una salida creativa para él. Mozart y Bach eran algunos de sus compositores favoritos, y encontraba en la música una fuente de inspiración y equilibrio en su vida.

Einstein logró llegar a la cúspide gracias a que confío en él, en su instinto, a pesar de que muchos le dijeran que no iba a llegar lejos. Dejó un legado de sabiduría y consejos para la productividad y el éxito que aún son relevantes en la actualidad y trascienden el ámbito científico. Estas ideas reflejan su mentalidad y enfoque hacia el trabajo, la creatividad y la vida en general.

Él creía firmemente en la importancia de la perseverancia y en no rendirse frente a los desafíos. Una de sus citas fue: **"El fracaso es el éxito en progreso"**. Creía que los fracasos no eran puntos finales definitivos, sino peldaños en el camino hacia el éxito.

Otro consejo era sobre la importancia de trascender el ego y centrarse en el bienestar y las necesidades de los demás. Según Einstein: "Una persona comienza a vivir cuando puede vivir fuera de sí". Es decir, cuando puede conectarse y preocuparse por los demás. **La empatía y la conexión con los demás eran fundamentales en su filosofía de vida.**

Einstein también enfatizaba la importancia de vivir en el presente y disfrutar del momento. Solía decir que "nunca pienso en el futuro, siempre llega". En lugar de preocuparse demasiado por lo que está por venir, él abogaba por aprovechar cada instante.

Además, destacaba la necesidad de pensar de manera innovadora y creativa para resolver problemas. Según él "**No podemos resolver un problema si razonamos de la misma**

forma en que razonamos para crearlo". Esto implicaba abandonar los patrones de pensamiento establecidos y buscar nuevos enfoques y perspectivas.

En resumen, los consejos de Einstein para la productividad y el éxito se basaban en la perseverancia, la empatía, el disfrute del presente y el pensamiento innovador, principios fundamentales para alcanzar el éxito en diferentes aspectos de la vida. Su excentricidad, su humanidad y sus dotes genéticos forjaron en su persona una única ecuación de la genialidad.

INDRA NOOYI, CARTAS A LOS PADRES

Esta destacada líder empresarial de origen indio-americano, dejó una huella en la historia de los negocios. Durante su mandato de 12 años como Presidenta y Directora Ejecutiva de PepsiCo, la compañía de alimentos y bebidas se convirtió en una de las más exitosas y rentables a nivel mundial.

Nooyi logró varios hitos significativos en su carrera. Fue la primera inmigrante en ocupar el puesto de mayor jerarquía en PepsiCo, lo que demostró su capacidad para sobresalir en un entorno empresarial altamente competitivo y diverso. Además, se convirtió en la primera mujer en liderar la compañía, abriendo camino para otras mujeres en la industria.

Durante su liderazgo (entre 2006 y 20018) Nooyi demostró un enfoque estratégico y visionario que contribuyó al éxito de la multinacional, la cual experimentó un crecimiento significativo y consolidó su posición como la segunda compañía de alimentos y bebidas con mayores ingresos netos a nivel global

Nooyi también se destacó por su compromiso con la diversidad y la sostenibilidad. Impulsó iniciativas para promover la inclusión y la igualdad de oportunidades dentro de PepsiCo, así como para reducir el impacto ambiental de la compañía. Su **enfoque holístico y su visión a largo plazo** contribuyeron a fortalecer la reputación de PepsiCo como una empresa responsable y comprometida.

Bajo su liderazgo, PepsiCo adoptó una estrategia centrada en el propósito de "Performance with Purpose" (**Rendimiento con Propósito**), que buscaba equilibrar el éxito financiero con la responsabilidad social y ambiental. Esta filosofía se reflejó en la oferta de productos más saludables, la reducción del impacto ambiental y el fomento de la diversidad e inclusión dentro de la empresa.

El pensamiento de Nooyi como CEO reflejaba su mentalidad dinámica y orientada hacia el crecimiento. Reconocía que los líderes debían ser ágiles, capaces de adaptarse rápidamente a los cambios y aprovechar las oportunidades emergentes.

La gestión de Indra Nooyi al frente de Pepsico fue fundamental para convertir la empresa en una de las compañías más exitosas y reconocidas a nivel mundial. Durante su liderazgo, logró impulsar un crecimiento significativo en las ventas, que se incrementaron en un impresionante 80%. Esto es un testimonio de su habilidad para establecer estrategias efectivas y llevar a cabo decisiones clave que impulsaron el éxito financiero de la compañía.

Nooyi no solo se enfocó en el crecimiento financiero de Pepsico, sino que también se convirtió en una pionera en la transición hacia una empresa más responsable con el medio ambiente. Reconociendo la importancia de la sostenibilidad y la responsabilidad social corporativa, implementó una serie de iniciativas para reducir el impacto ambiental de la empresa y promover prácticas más sostenibles en toda la cadena de suministro.

Bajo su liderazgo, Pepsico se convirtió en un referente en la industria en términos de conservación del agua, reducción de emisiones de carbono y promoción de la economía circular. Nooyi impulsó el **desarrollo de envases más sostenibles, la implementación de prácticas de eficiencia energética y la adopción de programas de reciclaje a gran escala.** Estas iniciativas no solo tuvieron un impacto positivo en el medio ambiente, sino que también **generaron valor para la empresa al fortalecer su reputación y su conexión con los consumidores comprometidos con la sostenibilidad**.

La visión de Indra Nooyi de convertir a Pepsico en una empresa responsable con el medio ambiente no solo fue un enfoque estratégico, sino también un reflejo de sus valores personales y su compromiso con hacer del mundo un lugar mejor. Su liderazgo transformador inspiró a otras empresas a seguir su ejemplo y demostró que el éxito empresarial y la responsabilidad social no son mutuamente excluyentes, sino que pueden impulsarse mutuamente.

Esta exitosa mujer ha establecido una serie de reglas para la productividad y el éxito en el mundo empresarial. Entre ellas: Invertir tiempo en desarrollar habilidades de **comunicación efectiva**, ya que una comunicación clara y fluida es crucial en cualquier entorno empresarial. Mantener una visión audaz y ser visionaria, buscando constantemente oportunidades para crecer, innovar y **superar los límites establecidos**. Separar de manera adecuada la vida personal de la profesional, es decir, **establecer límites y prioridades** en cada una de ellas para así garantizar un equilibrio saludable y evitar el agotamiento. Ser **receptiva a las ideas** y perspectivas provenientes de diferentes fuentes, reconociendo que la diversidad de pensamiento puede enriquecer la toma de decisiones y la generación de nuevas ideas. Desarrollar una **perspectiva global**, entendiendo las dinámicas y tendencias internacionales para adaptarse a un entorno empresarial cada vez más interconectado.

Uno de los hábitos distintivos de esta destacada empresaria es su temprano comienzo de actividades. **Se levanta entre las 4 y las 5 de la mañana** para aprovechar al máximo las primeras horas del día, cuando el mundo está tranquilo y su mente está fresca. Para ella, el tiempo adecuado para dormir se encuentra en el rango de 5 a 6 horas, lo cual le permite tener un descanso suficiente sin desperdiciar preciosas horas de su día.

Este hábito de despertarse temprano le proporciona una ventaja invaluable. Durante esas primeras horas de la mañana, se sumerge en su rutina matutina, que incluye tiempo para la reflexión, el ejercicio y la planificación del día. Aprovecha el silencio y la calma para concentrarse en tareas importantes y establecer sus metas y prioridades. Además, esta práctica le brinda un sentido de control y dominio sobre su tiempo. **Al levantarse tan temprano, siente que está un paso adelante**, lista para enfrentar los desafíos del día con energía renovada.

Desde su infancia, Indra Nooyi cultivó un hábito que la impulsó a pensar en grande desde una edad temprana. En su hogar, durante las comidas, sus padres fomentaban un ejercicio creativo en lugar de enfocarse en las normas de etiqueta tradicionales. Sus padres, en lugar de pedirles que se lavaran las manos o se sentaran correctamente, les solicitaban a ella y a sus hermanos que imaginaran ser líderes mundiales y elaboraran discursos sobre lo que harían en ese rol. Luego, en un ambiente familiar, **cada noche se llevaba a cabo una votación para elegir el mejor discurso, donde sus padres actuaban como jueces**. Esta dinámica no solo estimuló su imaginación y capacidad de expresión, sino que también fomentó una mentalidad de liderazgo y aspiraciones elevadas desde una edad temprana.

Años después, siendo la CEO de Pepsico Indra Nooyi tenía una costumbre muy especial: **escribía cartas a los padres de los 200 empleados más destacados de la compañía**, así como a los padres de los nuevos empleados. En estas cartas, la CEO expresaba su gratitud a los padres por el invaluable aporte que sus hijos realizaban a la organización con su trabajo.

Estas cartas tenían un impacto significativo, fortaleciendo las relaciones entre padres e hijos y fomentando una comunicación más cercana entre la empresaria y las familias de sus empleados. Esta práctica no solo demostraba el reconocimiento y aprecio de Indra Nooyi hacia el esfuerzo de sus empleados, sino que también generaba un mayor sentido de pertenencia y compromiso con la empresa.

Además, esta iniciativa contribuyó a mejorar la percepción de liderazgo de Indra Nooyi por parte de los empleados. Al mostrar su interés personal por las familias de su equipo, **creó un ambiente de confianza y cercanía**, lo que generó un mayor nivel de satisfacción y lealtad entre los empleados.

CRISTIANO RONALDO, SIESTAS Y DISCIPLINA

Destacado futbolista portugués que se desempeña como delantero o extremo izquierdo. A lo largo de su carrera, se le ha reconocido como uno de los goleadores más destacados y completos del fútbol mundial. Ha ganado cinco veces el prestigioso Balón de Oro, además de cuatro Botas de Oro, que lo reconocen como máximo goleador en ligas europeas. También ha sido distinguido en cinco ocasiones como el mejor jugador del mundo por parte de la FIFA. En el año 2020, en la gala de los Globe Soccer Awards, fue reconocido como el mejor jugador del siglo XXI.

A lo largo de su carrera, ha defendido los colores de varios equipos destacados. Comenzó en el Sporting de Lisboa, luego pasó al Manchester United, donde tuvo un gran éxito, y posteriormente se unió al Real Madrid, donde alcanzó la cima de su carrera y dejó un legado imborrable.

La habilidad goleadora, la velocidad, la técnica depurada y la dedicación incansable son algunas de las características que han hecho de Cristiano Ronaldo un futbolista excepcional. Su presencia en el campo y su capacidad para marcar goles importantes le han valido el reconocimiento de aficionados y expertos en todo el mundo.

Cristiano Ronaldo **es conocido por ser extremadamente dedicado a su entrenamiento y cuidado personal**, lo que le ha permitido mantener un nivel de rendimiento excepcional a lo largo de los años.

Uno de los aspectos clave de su régimen es su enfoque en la alimentación adecuada. Sigue **un plan de alimentación muy estructurado y disciplinado**, donde consume seis comidas pequeñas a lo largo del día, con intervalos regulares de aproximadamente 3 a 4 horas entre cada una. Este enfoque le permite mantener un metabolismo activo y constante, evitando los altibajos en los niveles de energía.

Su dieta se basa en alimentos nutritivos y equilibrados, priorizando las proteínas magras, como el pollo y el pescado, en lugar de la carne roja. Además, evita las grasas saturadas y los alimentos procesados. Una de las características más notables de su dieta es su elección de consumir agua como su principal fuente de hidratación, evitando completamente las bebidas azucaradas.

Además de su régimen alimenticio, Cristiano Ronaldo es conocido por su dedicación al entrenamiento físico. Realiza sesiones de entrenamiento intensas y variadas, que incluyen ejercicios de resistencia, fuerza y agilidad. También presta especial atención a su condición física y se asegura de mantenerse en forma óptima a través de una rutina de ejercicios específicos para el fútbol.

Cristiano Ronaldo ha adoptado un enfoque único cuando se trata de su rutina de sueño. Además de sus horas nocturnas de sueño, el futbolista realiza jornadas de descanso con **cinco siestas cortas a lo largo del día**. Estas siestas breves proporcionan una mejor recuperación entre los entrenamientos intensos y ayudan a su cuerpo a procesar adecuadamente las seis comidas que consume diariamente como parte de su régimen nutricional.

Además de la forma en que divide sus horas de sueño, Ronaldo también ha incorporado otros hábitos en su rutina nocturna para asegurar un descanso óptimo. Duerme en posición fetal, ya que se considera ideal para el bienestar de sus órganos y huesos. Se conoce que dormir en posición fetal, es decir, acurrucado con las rodillas hacia el pecho y la espalda encorvada, puede ofrecer algunas ventajas para el descanso nocturno pues proporciona una sensación de seguridad y comodidad, lo que puede ayudar a conciliar el sueño más rápidamente. Además, al mantener la columna vertebral en una posición alineada y las articulaciones relajadas, puede aliviar la presión y el dolor en la espalda. También puede reducir los ronquidos y los síntomas de la apnea del sueño al mantener las vías respiratorias más abiertas.

Asimismo, Ronaldo tiene la práctica de **apagar todos sus dispositivos tecnológicos con pantallas al menos una hora antes de dormir**. Esto le permite descansar su vista y crear un ambiente propicio para un mejor descanso, pues la exposición a la luz azul emitida por estos dispositivos puede interferir con la calidad del sueño, por lo que apagarlos temprano le ayuda a prepararse para una noche de descanso reparador.

Además de su riguroso programa de entrenamiento que incluye cinco sesiones semanales en el gimnasio, incorpora sesiones de Pilates y natación para trabajar la flexibilidad y el acondicionamiento cardiovascular. **La disciplina y dedicación de Ronaldo en sus entrenamientos son asombrosa**s, tanto así que sus preparadores físicos deben controlar cuidadosamente su carga de trabajo para evitar el sobre entrenamiento. El objetivo es maximizar su rendimiento sin comprometer su salud y prevenir lesiones.

Más allá de que sus hábitos estén ligados a la práctica deportiva y actividades físicas de alto rendimiento, en Cristiano Ronaldo sobresale la importancia de la dedicación, disciplina y confianza en sí mismo para alcanzar el éxito. **Su mentalidad de nunca conformarse, su búsqueda constante de mejora y su confianza inquebrantable son lecciones inspiradoras para lograr la excelencia en cualquier ámbito.**

ELON MUSK,
ATENCIÓN A LOS DETALLES

Elon Musk, hombre de múltiples facetas y habilidades, ha dejado una profunda huella como empresario, físico, programador, inventor y magnate financiero. Su notable éxito lo ha llevado a posicionarse entre los hombres más ricos del mundo según Forbes, ocupando el primer puesto en 2021.

Nacido en Sudáfrica, Musk también posee la nacionalidad de Estados Unidos y Canadá. Desde una edad temprana, demostró una pasión por el mundo tecnológico y se dedicó intensamente a su formación. Su dedicación a los libros y las computadoras lo perfiló como una promesa en constante crecimiento en ese ámbito.

En 1992 obtuvo una beca para estudiar Economía y Física en la Universidad de Pensilvania. En 1995, ingresó a la Universidad de Stanford para realizar un doctorado en Física y Ciencias de los Materiales. Sin embargo, apenas dos días después de comenzar las clases, abandonó la universidad para perseguir su sueño de fundar su propia empresa. Con la ayuda de su hermano Kimbal y su amigo Greg Kouri, creó la compañía Zip2, que ofrecía servicios de desarrollo web a medios de comunicación. La empresa fue vendida en 1999.

Elon Musk se ha destacado como el fundador de varias empresas icónicas, como Paypal, Tesla, SpaceX y Solar City. Su visión audaz y su capacidad para innovar han transformado diversas industrias y han impulsado avances significativos en tecnología y energía sostenible.

Entre sus conocidos hábitos de productividad, en primer lugar, Musk es un ávido lector y atribuye gran importancia a la lectura en su rutina diaria. Según él, **ha llegado a leer hasta 500 páginas al día, incluso en medio de su apretada agenda**. Desde su infancia, ha sido un devorador de libros y tenía la habilidad de terminarlos en tan solo tres días. En este entonces Musk dedicaba alrededor de diez horas diarias a la lectura, alimentando así su sed de conocimiento y manteniéndose actualizado en diferentes áreas.

Algunos de los libros que han dejado una marca en él incluyen obras de ciencia ficción como *The Hitchhiker's Guide to the Galaxy* de Douglas Adams y *The Foundation Trilogy* de Isaac

Asimov, los cuales despertaron su imaginación y lo inspiraron a crear un futuro mejor. También ha mencionado el impacto de libros sobre ingeniería y física, como *Structures: Or Why Things Don't Fall Down* de J.E. Gordon, que ampliaron su comprensión de cómo funcionan las estructuras en el mundo real. Musk ha dicho que la biografía de Benjamin Franklin de Walter Isaacson, ha sido una fuente de inspiración para él, ya que admira la capacidad de Franklin para innovar y su dedicación a la mejora constante.

Además de su dedicación a la lectura, Musk valora el descanso adecuado para mantener su productividad. **A pesar de trabajar largas horas, se asegura de dormir al menos seis horas diarias.**

Uno de los hábitos más destacados de Musk es **dividir su tiempo en bloques de 5 minutos**. Este método riguroso le permite dedicar total atención a una tarea específica durante ese tiempo, evitando cualquier tipo de distracción. Con esta práctica, maximiza su productividad al mantenerse enfocado y aprovechar al máximo cada minuto de su día.

Asimismo, Musk es conocido por sus **micro-reuniones**, tiene la regla estricta de que las reuniones no deben durar más de 5 minutos. Esta estrategia busca evitar la pérdida de tiempo en discusiones innecesarias y garantizar que las reuniones se centren en los aspectos realmente importantes y urgentes. Con esta dinámica eficiente, Musk logra mantener **un flujo constante de decisiones rápidas y** efectivas.

El empresario también es un hábil multitarea. **Realiza varias tareas simultáneamente**, como enviar correos electrónicos mientras revisa facturas o mantener conversaciones telefónicas de negocios durante reuniones laborales. Este enfoque le permite optimizar su tiempo y mantenerse al tanto de múltiples aspectos de sus empresas.

Es conocido por ser una figura bastante inaccesible en el mundo empresarial. Para manejar su alta carga de trabajo y mantenerse enfocado, Musk ha implementado un riguroso sistema de filtrado en su correo electrónico. Solo los mensajes que espera recibir y considera importantes logran llegar a su bandeja de entrada. Este enfoque selectivo le permite gestionar eficientemente su tiempo y dedicarse a las tareas prioritarias. Al adoptar este sistema, Musk ha dejado claro que **su tiempo es extremadamente valioso y limitado**. Su enfoque se centra en las metas y proyectos que considera fundamentales para su visión a largo plazo.

Musk ha sido objeto de críticas por su estilo de gestión, el cual ha sido descrito como **microgestión** o **nanomanagement**. Musk tiene la reputación de involucrarse en los detalles más minuciosos de los proyectos y las operaciones de sus empresas, lo que implica **un alto nivel de control sobre las actividades diarias de sus empleados**.

Esta forma de liderazgo ha generado opiniones encontradas. Algunos argumentan que el enfoque de Musk en los detalles le permite mantener un control preciso sobre cada aspecto de sus proyectos y garantizar que se cumplan sus altos estándares de calidad y rendimiento. Otros, sin embargo, sostienen que su microgestión puede resultar contraproducente al limitar la autonomía y la creatividad de sus equipos.

El estilo de gestión de Musk ha sido fundamental para el éxito de empresas como Tesla y SpaceX, las cuales han logrado avances significativos en la industria automotriz y aeroespacial, respectivamente. Aunque su enfoque pueda ser considerado exigente y detallista, ha demostrado obtener resultados destacables en términos de innovación y eficiencia.

Elon Musk ha sido conocido por su mentalidad en relación al fracaso y la innovación. Una de sus frases célebres que lo caracteriza es: "Fracasar es una opción aquí. Si las cosas no están fallando, tú no estás innovando lo suficiente".

Esta frase encapsula su enfoque audaz y valiente hacia el fracaso. Para Musk, el fracaso no es algo temido o evitado, sino más bien una señal de que se está explorando nuevos límites y desafiando los límites convencionales. Musk entiende que **el camino hacia el éxito y la innovación está pavimentado con intentos fallidos y aprendizajes constantes.**

Al adoptar esta mentalidad, Musk alienta a sus equipos a **asumir riesgos y a no tener miedo de cometer errores**. Él cree que la verdadera innovación surge de la disposición de enfrentar el fracaso y aprender de él. En lugar de castigar o desalentar los errores, Musk los ve como oportunidades para crecer y mejorar.

Elon Musk es conocido por su audacia y su disposición a desafiar las convenciones establecidas. Su estilo de comunicación directo y provocador, así como sus decisiones empresariales audaces, han generado controversia y críticas por parte de algunos sectores. Además, sus opiniones sobre diversos temas, desde inteligencia artificial hasta cambio climático, han generado debates intensos.

A pesar de la controversia que lo rodea, también es ampliamente admirado por su visión innovadora y su capacidad para llevar a cabo proyectos ambiciosos. Su trabajo en áreas como la energía renovable con Tesla y la exploración espacial con SpaceX ha sido aclamado como revolucionario. Musk ha desafiado las barreras tecnológicas y ha buscado constantemente formas de avanzar en el campo de la ciencia y la tecnología para transformar la sociedad.

OPRAH WINFREY, CULTIVAR LA MEMORIA

Oprah Winfrey es una figura multifacética en el mundo del entretenimiento. Como presentadora de televisión, productora, periodista, actriz y empresaria, ha dejado una huella significativa en la industria. Su programa emblemático, The Oprah Winfrey Show, se destacó como uno de los programas de entrevistas más exitosos y populares en la historia de la televisión estadounidense, ganando múltiples Premios Emmy. Durante los 25 años en los que estuvo al aire, el programa mantuvo altos niveles de audiencia, consolidando a Oprah como una figura icónica en la cultura popular. Después de su finalización en 2011, Oprah continuó su influencia al fundar su propia cadena de televisión, Oprah Winfrey Network (OWN), donde ha seguido creando contenido y manteniendo su popularidad.

No solo ha dejado su huella en la industria del entretenimiento, sino que también ha sido reconocida como una de las personalidades más influyentes y poderosas del mundo. Publicaciones como Time y Forbes han destacado su impacto y han honrado su labor en la promoción de la autoayuda, el empoderamiento personal y la filantropía.

Su infancia estuvo marcada por la pobreza en su natal Mississippi y experiencias traumáticas, incluyendo ser víctima de abuso sexual. A pesar de ello, Oprah demostró una increíble determinación y resiliencia. Su crianza en condiciones extremadamente humildes se reflejaba en la forma en que vestía, a veces usando ropa confeccionada con tela de sacos de papas, lo que le valió el apodo de "niña saco". Incluso tenía una muñeca hecha de maíz seco como juguete.

La adolescencia de Oprah Winfrey también estuvo marcada por desafíos, pero fue durante este período que comenzó a demostrar su potencial y determinación. A los 14 años, fue enviada a vivir con su padre en Nashville, donde encontró estabilidad y oportunidades para desarrollar su talento en el mundo del espectáculo. Durante su tiempo en la escuela secundaria, Oprah se destacó en el debate y la oratoria, lo que le valió una beca para la Universidad Estatal de Tennessee. Sin embargo, decidió dejar la universidad antes de graduarse para **seguir su pasión** en el mundo de la comunicación.

Su primer trabajo en el ámbito mediático llegó a través de una estación de radio local, donde se convirtió en la primera mujer afroamericana en presentar noticias en Nashville. A partir de ahí, su carrera fue en constante ascenso. En 1976, se mudó a Baltimore para trabajar como presentadora de noticias en la WJZ-TV y, más tarde, en 1984, se convirtió en anfitriona de un exitoso programa de entrevistas matutinas en Chicago.

Fue en 1986 cuando Oprah lanzó su propio programa de televisión llamado The Oprah Winfrey Show, que rápidamente se convirtió en un fenómeno y catapultó su fama a nivel mundial. El programa se destacó por su enfoque en temas relevantes, entrevistas íntimas y su habilidad para conectar con el público de manera auténtica. A medida que su popularidad creció, Oprah expandió su imperio mediático y fundó Harpo Productions, su propia compañía de producción. También incursionó en la actuación, protagonizando películas aclamadas como *El color púrpura* y *Beloved*. Además, se convirtió en autora de *best sellers* y lanzó su propia revista, O, The Oprah Magazine.

Desde su infancia, Oprah Winfrey tenía un hábito peculiar: **solía entretenerse haciendo entrevistas imaginarias** a los cuervos que se posaban cerca de la casa de su abuela. Este curioso juego despertó su pasión por la comunicación y la convirtió en una hábil oradora desde temprana edad. Su habilidad para expresarse y conectar con los demás fue tan notable que incluso en la iglesia a la que asistía la reconocían como la predicadora.

Oprah Winfrey no solo destaca por sus habilidades comunicativas, sino también por su compromiso con una rutina que cuida su bienestar. Una de las particularidades de su rutina matutina es que **nunca utiliza una alarma para despertarse**. Esta elección le permite mantener hábitos saludables de sueño, ya que despertar de forma natural ayuda a sentirse lleno de energía y renovado.

Una vez que Oprah despierta, generalmente alrededor de las seis de la mañana **la primera palabra que pronuncia es "gracias"**. Esta práctica de expresar gratitud desde el comienzo del día le permite cultivar una mentalidad positiva y centrarse en las cosas por las cuales está agradecida. A continuación, se cepilla los dientes y se dispone a sacar a pasear a sus adorados perros. Como amante de la naturaleza, Oprah ha creado un entorno en su propiedad con más de tres mil árboles, lo cual convierte su paseo matutino en una experiencia tranquila y saludable en medio de la belleza natural que la rodea.

La atención que Oprah Winfrey dedica a su rutina matutina es un ejemplo de cómo **los pequeños hábitos pueden tener un impacto significativo en nuestra calidad de vida**. Nos recuerda la importancia de cuidar de nosotros mismos, de expresar gratitud y de conectarnos con la naturaleza para mantenernos equilibrados y en armonía con nuestro entorno.

Posteriormente **dedica unos minutos a leer cinco afirmaciones**, lo cual le ayuda a establecer una mentalidad positiva y fortalecedora para el día. Luego, realiza ejercicios espirituales y se sumerge en la meditación, permitiéndose momentos de tranquilidad y conexión consigo misma. A continuación, se enfoca en su bienestar físico y se dedica a hacer ejercicios. Oprah opta por una técnica de entrenamiento de fuerza de bajo impacto, que le permite mantenerse en forma y activa sin poner demasiada presión en su cuerpo. Después de sus ejercicios y el almuerzo, Oprah se sumerge por completo en su trabajo entre las 1:30 y las 6 de la tarde. Este es un período en el que se concentra en sus proyectos, su producción y todas las responsabilidades relacionadas con su carrera.

Oprah Winfrey es conocida por **su capacidad para gestionar y memorizar su agenda personal**. Como una mujer ocupada con múltiples compromisos y responsabilidades, la memoria se convierte en una herramienta invaluable para mantenerse organizada y cumplir con sus compromisos.

Además, **su impresionante memoria también juega un papel importante en sus entrevistas**. Oprah tiene la habilidad de recordar detalles específicos sobre los invitados, historias y conversaciones anteriores. Esto le permite establecer conexiones más profundas con sus entrevistados y hacer preguntas perspicaces y relevantes. Su capacidad para recordar información previa y hacer referencias precisas enriquece la experiencia tanto para ella como para sus invitados, y contribuye a la calidad y el impacto de sus entrevistas.

Uno de los principios fundamentales que Oprah Winfrey considera clave para alcanzar el éxito es **no tratar de ser perfecta en todas las áreas ni asumir todos los roles**. Para ella, lo importante es tomar la iniciativa y tener metas ambiciosas. Con este enfoque, Winfrey prefiere **delegar responsabilidades y confiar en expertos** para obtener resultados. Además, establece metas a largo plazo con una visión clara.

Esta mentalidad de no buscar la perfección en todos los aspectos y enfocarse en lo que realmente importa le ha permitido a Oprah liberar tiempo y energía para concentrarse en las áreas en las que destaca y que son más significativas para ella. Al confiar en expertos y delegar tareas, puede aprovechar sus fortalezas y trabajar en proyectos que la inspiran y le apasionan.

Como otros personajes exitosos y productivos, Oprah Winfrey es conocida por ser una ávida lectora y ha promovido la importancia de la lectura a lo largo de su carrera. Ella ha compartido públicamente su amor por los libros y su impacto en su vida. De hecho, ha creado un famoso club de lectura, el **Club de Lectura de Oprah**, donde selecciona libros y los recomienda a su audiencia.

El Club de Lectura de Oprah ha sido una plataforma para fomentar la lectura y generar discusiones en torno a libros de diferentes géneros y temáticas. Cada mes, Winfrey selecciona una obra y la destaca en su programa o en su plataforma digital, generando un gran interés en los lectores de todo el mundo. Los libros que ella elige suelen experimentar un aumento significativo en las ventas y se convierten en éxitos de ventas.

A través de este club, Oprah Winfrey ha tenido un impacto significativo en la industria editorial y ha ayudado a dar visibilidad a numerosos autores y obras literarias. Además, sus recomendaciones han llegado a inspirar a millones de personas a descubrir el placer de la lectura y a explorar nuevos horizontes de pensamiento, crecimiento personal y perspectivas diversas.

VICTOR HUGO,
LIBRE DE ROPAJES

Destacado escritor, pintor, crítico y académico francés del siglo XIX. Su influencia se extendió más allá del ámbito literario, ya que también desempeñó un papel importante en la política e intelectualidad de su país. Desde temprana edad, mostró su talento como escritor, obteniendo reconocimientos significativos. A los 14 años, recibió un premio de la Academia Francesa, y a los 17 años, fue galardonado con el premio de la Academia de los Juegos Florales de Tolosa. Su pasión por la escritura lo llevó a fundar, junto a su hermano, el periódico "El Conservador Literario" antes de alcanzar la mayoría de edad.

En 1831, publicó *Nuestra Señora de París*, obra que más de un siglo después sería adaptada por Walt Disney bajo el nombre de *El Jorobado de Notre Dame*. Es también reconocido por su poesía, especialmente por *Las Contemplaciones*, y por su destacada novela *Los Miserables*, considerada una de las obras literarias más importantes del siglo XIX. Esta última obra plantea una profunda reflexión sobre el bien y el mal, así como sobre temas éticos, justicia, política, ley y religión.

La contribución de Víctor Hugo al panorama cultural y literario del siglo XIX dejó una huella perdurable, consolidándolo como una de las figuras más influyentes de su tiempo y como uno de los grandes escritores de la historia. Además de ser reconocido como un gran escritor también era conocido por su controversial vida marcada por un sinfín de tragedias familiares y un matrimonio lleno de muchas infidelidades, se cree que **la inspiración de sus libros se debía en gran parte a su agitada vida**. Víctor Hugo supo aprovechar las experiencias de su vida como fuente de inspiración para su arte. Reconoció que cada individuo debe forjar su propio camino hacia el éxito, basado en las vivencias y lecciones que atraviesa a lo largo de su trayectoria.

Si bien existen modelos a seguir y referentes en diferentes campos, Hugo entendió la importancia de ser auténtico y único en su expresión artística. Sabía que **el verdadero éxito no se limita a seguir una fórmula preestablecida**, sino a explorar y **plasmar las vivencias personales** en su obra. El escritor francés comprendió que la creatividad y la originalidad se alimentan de las experiencias individuales, tanto positivas como desafiantes. En lugar de imitar a otros, buscó crear su propio legado artístico basado en su visión única del mundo y en las lecciones aprendidas a lo largo de su vida.

Una de sus hábitos de productividad más notables era que durante los meses de invierno, se levantaba antes de las cinco de la mañana para aprovechar las primeras horas del día en la escritura. Se entregaba por completo a su labor creativa, dedicando largas horas hasta el mediodía. En los meses de verano, su rutina matutina era aún más temprana: **se levantaba antes de las tres de la mañana, aprovechando la frescura y tranquilidad del amanecer para concentrarse en su escritura.** Estas horas tempranas y silenciosas le brindaban un ambiente propicio para la inspiración y la concentración.

Hugo no solo se enfocaba en su trabajo intelectual, sino que también valoraba la importancia del ejercicio y la actividad física en su vida. Por las tardes, dejaba de lado la pluma y se dedicaba a mantenerse en forma. Disfrutaba del aire libre y aprovechaba su cercanía con la playa para nadar. Se cuenta que incluso se aventuraba a lanzarse al mar desde una roca, como una actividad recreativa y estimulante para su cuerpo. Esta **combinación de trabajo y recreación** contribuyó a su bienestar general y, sin duda, dejó una marca en su vida y legado como uno de los más grandes escritores de la historia.

Entre sus peculiares hábitos se cuenta que solicitaba a su ayudante que le escondiera la ropa, impidiendo así cualquier distracción que lo alejara de su trabajo. **Desnudo y sin la opción de salir a la calle, Hugo se veía obligado a sentarse y dedicarse completamente a su labor creativa.**

Esta peculiar estrategia, aunque extraña, resultaba efectiva para él. Se dice que dos de sus obras más célebres, *Los Miserables* y *Nuestra Señora de París*, fueron escritas sin vestir ninguna prenda. Esta forma inusual de trabajar le permitía una mayor **inmersión en su proceso creativo**, despojándose de cualquier barrera o distracción externa.

La desnudez en su entorno de escritura era un símbolo de su compromiso y pasión por la escritura. Para Víctor Hugo, este acto representaba una entrega total a su arte, despojándose de las convenciones sociales, sumergiéndose en el mundo de sus personajes y narrativas y (de una manera simbólica) mostrándose como realmente era, sin ropajes

Dentro de su proceso creativo, Víctor Hugo tenía una profunda creencia en la importancia de la sonoridad en la escritura. Para asegurarse de que sus frases y versos fueran lo suficientemente melódicos repetía en voz alta las palabras mientras caminaba por su habitación, una y otra vez, hasta que resonaran de manera satisfactoria en sus oídos.

Este enfoque meticuloso le permitía afinar cada una de sus composiciones literarias, asegurándose de que el ritmo y la cadencia fueran adecuados. Hugo valoraba la musicalidad del lenguaje y buscaba que sus escritos tuvieran un efecto poético y agradable al oído del lector.

Esta práctica demuestra la **dedicación y el perfeccionismo** de Víctor Hugo en su proceso de escritura. Su insistencia en encontrar la sonoridad ideal revela su compromiso con la calidad estética de sus obras. A través de esta minuciosa exploración del sonido, logró crear piezas literarias que no solo transmiten significado, sino que también cautivan y deleitan a través de su armonía verbal.

El enfoque de Victor Hugo en la sonoridad refuerza su reputación como un escritor que trasciende la mera narrativa, convirtiéndose en un maestro de la palabra y la expresión artística. Su **atención al detalle y su búsqueda constante de la belleza** sonora le permitieron crear obras literarias que han dejado una marca perdurable en la historia de la literatura.

ADELE,
DISCIPLINA Y TECNOLOGÍA

Cantautora y multi-instrumentista británica, Adele Laurie Blue Adkins ha logrado un éxito sin precedentes en la industria musical. Con más de 15 premios Grammy en su haber, se ha convertido en una de las artistas más vendidas a nivel mundial. Adele ha mencionado en varias ocasiones que su pasión por la música fue despertada por las Spice Girls cuando era niña. Estudió en la prestigiosa BRIT School y se graduó en 2006.

Durante su tiempo en la escuela, grabó algunos demos que fueron subidos a la red social MySpace por un amigo, lo que llamó la atención del productor Richard Russell de XL Recordings. Adele firmó su primer contrato discográfico en 2006. En 2007, lanzó su canción debut "Hometown Glory", seguida de "Chasing Pavements", que recibió excelentes críticas y catapultó su carrera. Su primer álbum, titulado "19", fue lanzado en 2008 y alcanzó el número 1 en las listas de éxitos, obteniendo múltiples discos de platino en el Reino

Unido y Estados Unidos. Desde entonces, Adele ha acumulado más de 300 nominaciones y ha ganado 147 premios, incluyendo un premio Oscar, un Globo de Oro y varios Brit Awards.

Adele es conocida por su dedicación y disciplina en su rutina de ejercicios. En una entrevista con British Vogue, reveló **su enfoque riguroso hacia el fitness**, destacando que su objetivo principal no era solo la estética, sino también cuidar de su salud mental y emocional.

Para ello sigue una rutina de ejercicios estructurada con sesiones de ejercicio de hasta tres veces al día. Por las mañanas, se dedica a levantar pesas, fortaleciendo su cuerpo y construyendo fuerza. Durante el día, suele realizar una caminata o practicar boxeo, actividades que le ayudan a mantenerse en forma y liberar tensiones. Y para completar su jornada, realiza una sesión de cardio en la noche, impulsando su resistencia y cardiovascular.

Adele también adopta hábitos alimenticios basados en la dieta SirtFood. Esta dieta, creada por los nutricionistas Aidan Goggins y Glen Matten, se centra en el consumo de alimentos que estimulan la acción de las sirtuinas, unas proteínas que activan el metabolismo y promueven la quema de grasas. Para seguir esta dieta, Adele incorpora una variedad de alimentos específicos en su plan de comidas. Entre ellos se encuentran el trigo sarraceno, los arándanos, las manzanas, el aceite de oliva extra virgen, la col rizada, las alcaparras, los cítricos, el chocolate negro, el té verde, el perejil, las cebollas rojas, la cúrcuma, las nueces, la rúgula y el vino tinto. Al elegir estos alimentos ricos en nutrientes y beneficiosos para el metabolismo, Adele busca mantener una alimentación equilibrada y favorecer la quema de grasas en su cuerpo.

Es importante tener en cuenta que cualquier dieta puede tener riesgos y no es adecuada para todos. Antes de adoptar cualquier plan alimenticio, es fundamental buscar asesoramiento de un profesional de la salud y recordar que una alimentación equilibrada y variada es esencial para cubrir las necesidades nutricionales individuales. Cada persona es única y debe considerar su estado de salud, alergias, intolerancias y preferencias personales al diseñar una dieta adecuada.

Lo que es de destacar es que través de su enfoque disciplinado y su dedicación, Adele nos muestra que **el cuidado personal va más allá de la imagen externa**. Es un recordatorio inspirador de que el ejercicio regular y la atención plena hacia nuestro bienestar pueden ser pilares fundamentales para una vida saludable y equilibrada.

A pesar de ser una artista tan joven, Adele siempre ha estado en la cima, su éxito se debe a muchos aspectos, entre ellos está que **ella no sigue ninguna moda**, tanto su estilo musical como su look o su forma de presentarse ante el público es única, y no tiene relación con ninguna época o con algún rango de edad, ella es universal. Siempre se ha caracterizado por su elegancia clásica, por enfatizar su belleza interior por encima de su cuerpo.

De hecho, Adele ha recibido numerosas ofertas relacionadas con su notable pérdida de peso, como participar en programas de dietas, escribir libros de cocina, grabar videos de ejercicio físico e incluso incursionar en el mundo del modelaje. Sin embargo, ella ha rechazado todas estas propuestas, afirmando que **su enfoque y dedicación total están en su música**. Su principal prioridad es su carrera artística y su pasión por la música, manteniendo su concentración en su arte en lugar de distraerse con otros proyectos relacionados con su aspecto físico.

Dentro de sus hábitos estrictamente musicales, destaca el hecho de que la mayoría de sus canciones son compuestas por ella misma. Su habilidad musical es más que evidente por el hecho de que domina varios instrumentos como la guitarra, el piano, el bajo e incluso la batería, instrumento que ha tocado y grabado en algunas de sus canciones. Esta **versatilidad** musical refuerza su talento y demuestra su dedicación a **perfeccionar su arte en todos los aspectos**.

Adele ha enfrentado desafíos en cuanto a su salud vocal, y uno de los momentos más difíciles fue cuando se sometió a una cirugía láser para tratar una hemorragia en una de sus cuerdas vocales en 2011. Esta cirugía resultó crucial para su recuperación y le permitió superar esa situación complicada.

Desde entonces, Adele ha comprendido aún más la importancia de cuidar su voz de manera diligente y ha redoblado sus esfuerzos para proteger y fortalecer su instrumento vocal. Ha adoptado medidas extraordinarias, **consciente de que su voz es su activo más valioso** y lo que la distingue como artista.

Para garantizar la calidad del aire durante sus actuaciones, Adele ha invertido en tecnología avanzada, valorada en cerca de medio millón de dólares. Según reportes periodísticos, ha implementado un complejo sistema que incluye deshumidificadores, unidades de purificación del aire, dispersión de moléculas de agua y ventiladores de enfriamiento. De esta manera se crea un ambiente óptimo para el cuidado de su voz, y durante sus presentaciones, el aire tratado se dirige estratégicamente al escenario.

La dedicación de Adele en proteger su voz refleja su comprensión de que es una de las inversiones más preciadas que posee. Considera su voz como una joya y entiende **la importancia de cultivar y preservar el talento natural**. Todo ello ha sido clave en el éxito y la longevidad de su carrera como una de las voces más reconocidas y respetadas en la industria musical.

MICHAEL JORDAN, COMPETETITIVIDAD AL MÁXIMO

Michael Jordan es considerado uno de los mejores jugadores de baloncesto de todos los tiempos y una leyenda en el deporte. Se destacó tanto en la NBA como en la selección nacional de baloncesto de Estados Unidos. Su carrera profesional abarcó 15 temporadas, durante las cuales acumuló innumerables logros y dejó una huella imborrable en el mundo del deporte.

Jordan ganó seis campeonatos de la NBA con el equipo de los Chicago Bulls, liderando a su equipo a la victoria en los años 1991, 1992, 1993, 1996, 1997 y 1998. Además, fue galardonado con el premio al Jugador Más Valioso (MVP) de la NBA en cinco ocasiones, y obtuvo 14 selecciones para el All-Star Game. Su dominio en la cancha era inigualable, y su estilo de juego espectacular lo convirtió en un ícono para los fanáticos de todo el mundo. Además de sus triunfos en la NBA, Jordan también se destacó representando a Estados Unidos en los

Juegos Olímpicos. Ganó dos medallas de oro en baloncesto, una en Los Ángeles 1984 y otra en Barcelona 1992, siendo parte del legendario *Dream Team* que incluía a otros grandes jugadores de la NBA.

La influencia de Michael Jordan trascendió las canchas de baloncesto. Su carisma, competitividad y ética de trabajo incansable lo convirtieron en un ícono global y un referente para generaciones futuras de atletas. Su marca personal, Air Jordan, se ha convertido en una de las marcas de calzado y ropa deportiva más reconocidas y exitosas del mundo. No solo fue un atleta excepcional, sino también un símbolo de inspiración y determinación. Su legado en el deporte perdurará por generaciones, y su nombre siempre estará asociado con la grandeza y la excelencia en el baloncesto.

Desde pequeño, Michael mostró un talento innato para el deporte. Se unió al equipo de baloncesto de su escuela secundaria, donde rápidamente se destacó como un jugador excepcional. A pesar de su altura relativamente baja en ese momento, su determinación y habilidades en la cancha eran impresionantes.

Jordan tenía la capacidad de motivar y elevar el rendimiento de sus compañeros de equipo. Siempre estaba dispuesto a

asumir la responsabilidad en los momentos clave del juego y animaba a sus compañeros a dar lo mejor de sí mismos. **Su mentalidad ganadora y su determinación eran contagiosas**, y sus compañeros confiaban en él como líder indiscutible.

Durante su carrera, Jordan tuvo que enfrentar una lesión en su pie que lo obligó a perderse gran parte de la temporada 1985-1986. Esta experiencia fue una prueba de su resistencia y determinación. En lugar de darse por vencido, Jordan trabajó arduamente en su rehabilitación y regresó más fuerte que nunca. Esta lesión y su posterior recuperación le enseñaron la importancia de la perseverancia y la dedicación.

La trágica muerte de su padre en 1993 tuvo un impacto profundo en Jordan. Fue un momento devastador, pero en lugar de dejar que la tragedia lo derribara, Jordan **canalizó su dolor y su determinación en el juego**, utilizando el deporte como una forma de honrar a su padre y encontrar consuelo en medio de la adversidad.

Jordan decidió probar suerte en el béisbol después de su primer retiro del baloncesto profesional en 1993. Su padre, James Jordan, había sido un gran fanático del béisbol y siempre había soñado con ver a su hijo jugar en las Grandes Ligas. Tras la trágica muerte de su padre, Jordan decidió cumplir ese deseo y dedicarse al béisbol como un tributo a su padre. Jordan firmó con los Birmingham Barons, un equipo de ligas menores afiliado a los Chicago White Sox. Aunque su talento en el baloncesto era indiscutible, Jordan se encontró con un gran desafío al adaptarse a un deporte completamente diferente. Después de un año y medio en el béisbol, decidió regresar al baloncesto. Aunque disfrutaba del béisbol y había mostrado cierto progreso, sentía que su verdadero amor y pasión seguían siendo el baloncesto. Su regreso también estuvo influenciado por su deseo de competir nuevamente al más alto nivel y demostrar que aún podía dominar el deporte que lo había hecho legendario.

Además de su increíble éxito en el baloncesto, Michael Jordan también ha dejado una huella significativa en el mundo empresarial. Uno de sus mayores logros como empresario es su asociación con la marca deportiva Nike. En 1984, Nike lanzó la línea de zapatillas Air Jordan, convirtiéndose en una de las colaboraciones más icónicas y exitosas entre un atleta y una marca.

Estos tenis se volvieron extremadamente populares y desencadenaron una verdadera revolución en la industria del calzado deportivo. La línea de productos de Air Jordan se ha expandido a lo largo de los años e incluye una amplia gama de calzados de baloncesto, ropa y accesorios, todos ellos con la firma de Michael Jordan. La asociación de Jordan con Nike ha sido extremadamente lucrativa, convirtiéndolo en uno de los atletas más ricos del mundo. Con todo esto demostró su visión empresarial al **aprovechar su marca personal y su estatus como leyenda del baloncesto para construir un imperio comercial**.

Entre los hábitos de productividad de Michael Jordan, destaca **su naturaleza autocrítica**. Jordan es conocido por ser extremadamente exigente consigo mismo y por su búsqueda constante de la excelencia. Como jugador, siempre buscaba áreas en las que podía mejorar, incluso cuando ya era considerado uno de los mejores del baloncesto. Su autocrítica le permitía **identificar sus debilidades y trabajar en ellas de manera constante**. No se conformaba con un rendimiento promedio, sino que se esforzaba por alcanzar su máximo potencial en cada aspecto del juego. Analizaba detenidamente su desempeño en cada partido, identificando errores y áreas de mejora para corregirlos en el siguiente partido.

Otro hábito de productividad notable de Michael Jordan era su **enfoque en la visualización y la mentalidad ganadora**. En cada situación en la cancha, Jordan solía **previsualizar**

mentalmente los tiros y jugadas exitosas que había ejecutado durante los entrenamientos o en partidos previos. Esta práctica le brindaba confianza y convicción en sus habilidades, lo que le permitía enfrentar los desafíos con una mentalidad positiva y determinación. También confiaba en lo que podía hacer: "Debes esperar cosas de ti mismo antes que las puedas hacer", solía decir.

Además, Jordan abordaba cada partido con una mentalidad única: **jugar como si cada juego fuera el partido más importante de su vida**. Él se esforzaba por ofrecer el mejor espectáculo posible, consciente de que siempre habría un fanático viéndolo jugar por primera vez en vivo. Esta mentalidad le daba un impulso adicional para superarse a sí mismo y dar lo mejor de sí en cada oportunidad.

Él es de los que cree que el triunfo en sí mismo no es lo más importante, sino el esfuerzo total y sincero que se pone en cada juego. Otra de sus célebres frases era: "El triunfo no importa mucho, siempre y cuando usted se esfuerce con todo su corazón al 110%". Esta filosofía de compromiso absoluto y entrega apasionada se reflejaba en su mentalidad ganadora y en su constante búsqueda de superación.

Michael Jordan se destacó por sus rigurosos hábitos de entrenamiento, los cuales superaban los de muchos otros deportistas. Su **ética de trabajo incansable** lo llevó a perfeccionar su habilidad y a alcanzar niveles de excelencia en el baloncesto. Entre sus peculiaridades se encontraba una característica algo inusual: sacar la lengua justo antes de realizar un tiro. Esta curiosa manía era algo que Jordan había adoptado de su padre, quien también solía hacerlo cuando se concentraba en alguna tarea. Este gesto se convirtió en una parte icónica de la imagen de Michael Jordan en la cancha. Esta peculiaridad es un ejemplo de cómo los pequeños detalles y rituales pueden tener un impacto significativo en el rendimiento y en la mentalidad de un deportista de élite.

La leyenda de Michael Jordan no se construyó de la noche a la mañana, sino de manera progresiva. A pesar de que sobrepasó la cima y se convirtió en un referente en el mundo del baloncesto, Jordan siempre tuvo claro que el éxito se lograba paso a paso, sin atajos ni resultados instantáneos. En repetidas ocasiones, expresó esta convicción: **"Lo afronto todo paso a paso... Siempre me fijé objetivos a corto plazo. Cuando miro atrás, cada uno de los pasos o éxitos me llevó al siguiente"**. En lugar de buscar resultados rápidos, Jordan se centraba en mejorar constantemente y en dominar cada aspecto de su juego. Se exigía a sí mismo un nivel de excelencia y se esforzaba por superarlo día tras día. Su éxito no fue producto de un evento aislado, sino de **una serie de pasos firmes y constantes** que lo llevaron a alcanzar la grandeza.

FRIDA KAHLO,
LA VIDA HECHA ARTE

Reconocida artista mexicana que dejó una huella imborrable en el mundo de la pintura. Su vida estuvo marcada por el dolor y la adversidad, pero encontró en el arte una poderosa forma de expresión y autodescubrimiento. Su estilo único y su enfoque personal en sus obras la convirtieron en una figura influyente en el movimiento artístico del surrealismo.

El arte de Frida Kahlo se caracterizó por su intimidad y su **representación sincera de sus experiencias personales.** A través de sus autorretratos y obras temáticas, plasmó su dolor físico, sus luchas emocionales y su identidad como mujer y mexicana. Su estilo distintivo se combinaba con elementos simbólicos, colores vibrantes y una técnica detallada, que capturaban la complejidad de su mundo interior.

El aporte de Frida Kahlo a la pintura trascendió su habilidad técnica y su enfoque artístico. Su obra se convirtió en una ventana hacia la realidad de las mujeres, abordando temas como el género, la sexualidad y la identidad cultural en una época en la que estos temas eran tabú. Su honestidad y valentía al explorar su propia vida y emociones inspiraron a generaciones de artistas y establecieron un nuevo estándar en la representación artística.

A los 18 años, Frida sufrió un grave accidente de autobús que dejó secuelas físicas de por vida. Sufrió múltiples fracturas, incluyendo una fractura de columna vertebral y una pierna rota, lo que la confinó a una cama durante largos periodos de tiempo. Durante su convalecencia, comenzó a pintar como una forma de escapar del dolor y la soledad, **convirtiendo su caballete en su refugio creativo**. Otro evento que afectó la vida de Frida fue su matrimonio con el famoso muralista mexicano Diego Rivera. A lo largo de su tumultuosa relación, Frida experimentó infidelidades, separaciones y decepciones, lo que le causó un gran sufrimiento emocional. Estas experiencias turbulentas y la complejidad de su relación con Diego se reflejan en su obra, explorando temas como el amor, el desamor y la dependencia emocional.

Frida Kahlo, conocida por su estilo y apariencia distintiva, llevaba su elección de vestimenta y su apariencia personal más allá de lo convencional. Para Frida, ser artista significaba ser un reflejo auténtico y fiel del mundo que quería representar, el interno y el externo. No seguía los estándares de belleza impuestos por la sociedad y desafiaba las normas establecidas. A través de su vestimenta, su vello facial y su peinado, Frida transmitía un mensaje de individualidad y liberación personal.

Su elección de vestimenta típica de la región de Oaxaca (de donde era su madre), con sus colores vibrantes y diseños tradicionales, era una forma de conectarse con sus raíces culturales y mostrar su orgullo por su herencia mexicana. Asimismo, dejar crecer su bigote y cejas sin depilar desafiaba los cánones de belleza convencionales y celebraba la naturalidad y la autenticidad.

El peinado meticuloso de Frida, con sus trenzas adornadas con flores y cintas, también era una expresión de su identidad y su conexión con la cultura de su país. Cada peinado era cuidadosamente elaborado y complementaba su estilo único y su visión artística, **como si ella misma fuera una obra de arte en constante creación.**

Kahlo integró el arte en cada aspecto de su vida, convirtiéndola en una extensión de su expresión creativa. Su dedicación y pasión por el arte trascendían más allá de sus pinturas. Desde pintar los yesos que tuvo en su pierna debido a sus lesiones, hasta diseñar los corsés que usaba para apoyar su columna, **todo se convirtió en una oportunidad para plasmar su arte y transmitir su mensaje**.

Además, Frida adornaba su casa con bordados y objetos decorativos que reflejaban su amor por la cultura mexicana y su conexión con las tradiciones populares. Cada rincón de su hogar se convirtió en un lienzo en el que plasmaba su estilo distintivo y su visión artística.

Para Frida, el arte no era solo una actividad separada o un medio de subsistencia, sino una forma de vida. **Integró el arte en todo lo que hacía**, desde sus pinturas hasta su vestimenta, su decoración y su propia identidad. Su vida y su arte se entrelazaron de manera inseparable, creando una sinergia única que hizo de Frida Kahlo una figura icónica en el mundo del arte.

Palabras finales

Como hemos visto, los hábitos de productividad de estos personajes famosos y exitosos son sumamente diversos. Cada quien tiene su propia forma de abordar el éxito y encontrar su camino hacia él. Desde elecciones simples como la vestimenta o la hora de despertar, hasta rutinas extravagantes de ejercicios o manías particulares, estas personalidades exitosas han encontrado lo que funciona mejor para ellos.

Algunos enfatizan la importancia de la visión a largo plazo y la planificación estratégica. Establecen metas claras y trabajan constantemente para lograrlas, superando obstáculos y adaptándose a los cambios en el camino. Otros han aprendido a rodearse de personas talentosas y rodearse de un equipo fuerte que los apoye y los desafíe.

Uno de los aspectos más comunes entre ellos es su capacidad de encontrar motivación y aprendizaje incluso en la derrota. Estos hombres y mujeres ven los fracasos como oportunidades de crecimiento y aprendizaje, y los utilizan como trampolines para impulsarse hacia adelante. Además, cultivan una mentalidad competitiva y siempre se esfuerzan por mejorar y superar sus propios límites y las convenciones sociales. Siempre miran mucho más allá.

Los hábitos de sueño también varían entre los individuos exitosos. Algunos necesitan dormir mucho para mantener un alto rendimiento y estar mentalmente agudos, mientras que otros optan por reducir sus horas de sueño para aprovechar al máximo cada día. La curiosidad es otro rasgo común entre los exitosos. Son personas ávidas de conocimiento, siempre buscando aprender y descubrir nuevas ideas y perspectivas. Están abiertos a nuevas experiencias y aprovechan cada oportunidad para crecer tanto personal como profesionalmente.

En cuanto a la gestión del tiempo, algunos optan por reuniones cortas y eficientes, maximizando el tiempo y evitando la procrastinación. Aprenden a priorizar y enfocarse en las tareas más importantes, delegando cuando es necesario. Además, encuentran formas de desconectarse y encontrar un equilibrio, ya sea disfrutando de programas de televisión como una forma de escape o dedicando tiempo a actividades que les brinden descanso y rejuvenecimiento.

En fin, el éxito es un viaje personal y único para cada individuo. No existe una fórmula única para alcanzarlo. Sin embargo, al explorar las experiencias y hábitos de personas exitosas, podemos encontrar ejemplos inspiradores y motivadores que nos impulsen en nuestro propio camino hacia el triunfo. Es hora de empezar a trazar tu propio camino.

Esperamos que este libro haya dejado una huella en tu crecimiento personal.

Si disfrutaste de la lectura y aprendiste algo nuevo, te agradeceríamos enormemente que dejaras una generosa valoración de estrellas o un breve comentario en la página de compra.

Tu apoyo es fundamental para difundir nuestro mensaje y llegar a más personas. ¡Gracias por compartir tu opinión!

EL ARTE DE LA ACEPTACIÓN:

Una guía paso a paso para aprender a amarte, abrazar la realidad y vivir el presente al máximo

¿Estás preparado para abrazar tu verdadero yo, amarte incondicionalmente y vivir cada momento al máximo?

En este inspirador libro, descubrirás técnicas probadas y ejercicios prácticos que te ayudarán a cultivar una profunda conexión contigo mismo y conocer en pocas páginas una experiencia transformadora que te guiará hacia una vida llena de amor propio, aceptación y felicidad.

No importa en qué etapa de tu viaje personal te encuentres, esta guía te dará las herramientas que necesitas para aprender a quererte a ti mismo y vivir la vida al máximo.

¿Estás listo para abrazar el arte de la aceptación y comenzar tu viaje hacia una vida más plena y significativa? Adquiere ya tu ejemplar de *El Arte de la Aceptación* y ¡empieza a quererte en cada página!

EL FACTOR CUERPO:
La guía para sacar el máximo potencial de tu cuerpo y vivir en plenitud y armonía

Este libro es tu guía definitiva para aprovechar el poder de la nutrición, la actividad física, el autocuidado y el descanso para optimizar tu bienestar general. Aquí encontrarás herramientas y estrategias sencillas pero eficaces que te permitirán realizar cambios positivos en tu estilo de vida, mejorar tus niveles de energía, tu rendimiento físico o conseguir un peso más saludable.

El Factor Cuerpo es una hoja de ruta para liberar todo el potencial de tu ser físico. Con consejos prácticos, asesoramiento de expertos y medidas prácticas, esta guía le permitirá tomar el control de su salud y transformar su vida.

Adquiere tu ejemplar ahora y empieza a liberar el verdadero poder de tu cuerpo.